JN065246

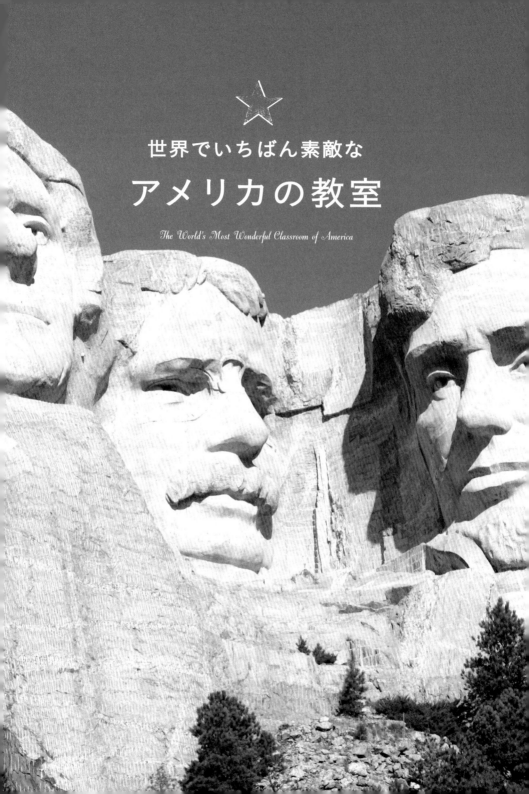

世界でいちばん素敵な

アメリカの教室

The World's Most Wonderful Classroom of America

はじめに

アメリカ合衆国。

雄大な自然が奔放に横たわる同じ地面に、

移民街とカジノとテーマパークがおさまっている国。

世界的な砂漠や滝があってワニも生息し、

最高学府とIT産業の本拠地と摩天楼がある国。

移民がエネルギッシュに自分の価値を表現し、

それが料理にも表れ、美味なレストランもいっぱいある国……。

多様な気質の移民が、各自の宗教の信仰実践を真面目に試みるので、選挙の争点や政策論議に"道徳"が容易に顔を出したかと思えば、世界に軍隊を展開し治安維持にせっせと励み紛争の種を蒔く……。これも欠かせないアメリカのお国柄なのです。

アメリカ合衆国を知ることは現代世界を知るうえでの一丁目一番地です。

村山秀太郎

Contents

目次

P2	はじめに	P52	ヴァーモント州
P6	アメリカ50州を押さえよう！	P54	ニューハンプシャー州
P8	「合衆国」って、どんな意味？	P56	マサチューセッツ州
P12	大統領には誰でもなれるの？	P58	ロードアイランド州
P16	共和党と民主党、一体何が違うの？	P60	コネティカット州
P20	アメリカに大自然が多く残っているのはなぜ？	P62	ニュージャージー州
P24	建国記念日ではなく、独立記念日と言うのはなぜ？	P64	ペンシルヴェニア州
P28	アメリカの国土の特徴を覚える方法を教えて！	P66	コラム②アメリカの世界遺産
P32	アメリカはなぜ移民の国になったの？	P68	デラウェア州
		P70	ワシントンD.C.
P36	アメリカが世界一の経済大国になったのは、いつのこと？	P72	メリーランド州
P38	州の権限は、どれくらい強いの？	P76	ヴァージニア州
P40	ジャズが生まれたきっかけは？	P78	ウエストヴァージニア州
P44	コラム①アメリカの絵画	P80	ジョージア州
P46	ニューヨーク州	P84	ケンタッキー州
		P86	テネシー州
P50	メイン州	P88	ノースカロライナ州

マンハッタンの夜景（ニューヨーク州）

P90　サウスカロライナ州

P92　フロリダ州

P96　アラバマ州

P98　ミシシッピ州

P100　アーカンソー州

P102　ルイジアナ州

P106　オクラホマ州

P108　テキサス州

P112　オハイオ州

P114　ミシガン州

P118　インディアナ州

P120　イリノイ州

P124　ウィスコンシン州

P126　ミネソタ州

P128　アイオワ州

P130　ミズーリ州

P132　ノースダコタ州

P134　サウスダコタ州

P136　ネブラスカ州

P138　カンザス州

P140　モンタナ州

P142　ワイオミング州

P144　アイダホ州

P146　コロラド州

P148　ユタ州

P150　ネヴァダ州

P154　アリゾナ州

P156　ニューメキシコ州

P158　コラム③アメリカのNo.1

P160　ワシントン州

P162　オレゴン州

P164　カリフォルニア州

P168　アラスカ州

P170　ハワイ州

P174　参考文献／監修者プロフィール

アメリカ50州を押さえよう！

ワシントン
Washington
▶P160

オレゴン
Oregon
▶P162

モンタナ
Montana
▶P140

ノース ダコタ
North Dakota
▶P132

アイダホ
Idaho
▶P144

サウス ダコタ
South Dakota
▶P134

ワイオミング
Wyoming
▶P142

ネヴァダ
Nevada
▶P150

ネブラスカ
Nebraska
▶P136

ユタ
Utah
▶P148

コロラド
Colorado
▶P146

カリフォルニア
California
▶P164

カンザス
Kansas
▶P138

アリゾナ
Arizona
▶P154

ニュー メキシコ
New Mexico
▶P156

オクラホマ
Oklahoma
▶P106

テキサス
Texas
▶P108

アラスカ
Alaska
▶P168

ハワイ
Hawaii
▶P170

ミネソタ
Minnesota
▶P126

ニュー ハンプシャー
New Hampshire
▶P54

メイン
Maine
▶P50

ヴァーモント
Vermont
▶P52

マサチューセッツ
Massachusetts
▶P56

ウィスコンシン
Wisconsin
▶P124

ミシガン
Michigan
▶P114

ニュー ヨーク
New York
▶P46

ロードアイランド
Rhode Island
▶P58

アイオワ
Iowa
▶P128

ペンシルヴェニア
Pennsylvania
▶P64

コネティカット
Connecticut
▶P60

イリノイ
Illinois
▶P120

インディアナ
Indiana
▶P118

オハイオ
Ohio
▶P112

ウエスト
**West
Virginia**
▶P78

ヴァージニア
Virginia
▶P76

ニュージャージー
New Jersey
▶P62

ミズーリ
Missouri
▶P130

ヴァージニア

ケンタッキー
Kentucky
▶P84

デラウェア
Delaware
▶P68

ノース カロライナ
North Carolina
▶P88

メリーランド
Maryland
▶P72

テネシー
Tennessee
▶P86

アーカンソー
Arkansas
▶P100

サウス カロライナ
South Carolina
▶P90

ワシントン
Washington, D.C.
▶P70

アラバマ
Alabama
▶P96

ジョージア
Georgia
▶P80

ミシシッピ
Mississippi
▶P98

ルイジアナ
Louisiana
▶P102

フロリダ
Florida
▶P92

Q
「合衆国」って、どんな意味？

A
州の連合体であることを意味します。

アメリカは独立性の強い50の州から成り立ち、英語では「United States」と呼ばれます。ただし、「合州国」でないのは、最初に中国で訳されたときに、「衆人の力を合わせて作られた国」という意味を込めて「合衆国」と表記されたため。これを日本がそのまま取り入れたため、「合衆国」となっています。

星条旗のもとに自由を求め、
人々が集まりました。

信仰の自由を求め、清教徒が北米大陸に上陸してから400年、
世界各国から永住権を求める人が、現在もあとを絶ちません。
その自由の裏側には、
個人の自衛文化である銃所持の社会問題なども影を落としています。

① 星条旗の赤と白のストライプは
何か意味があるの？

A アメリカが独立した当初の13州を描いています。

星条旗は「スターズ＆ストライプス」と呼ばれていて、星の数が現在の州の数を、13本のストライプが独立時から
存在する13の州を示しています。初代大統領ワシントンは、「星は天を、赤は母国なるイギリスを、赤地を横切る
白いストライプは、母国イギリスからの独立を表す」と発言したとされています。

星条旗は、さまざまな人種やイデオロギーが渦巻くアメリカにとって、連帯感の象徴として多くの国民から支持されるシンボル
であり、親しみのある存在です。

② アメリカという国の始まりを教えて!

A 迫害を逃れた清教徒が、
新天地を求めたという建国神話が語られています。

ボストン南東にあるプリマスに初上陸した人々を、「ピルグリム・ファーザーズ（巡礼始祖）」と言います。実際には
ヴァージニアへ上陸した移民の方が早かったのですが、伴っていた黒人奉公人の絡みもあってピルグリム・ファー
ザーズの上陸が次第に神格化されました。彼らが上陸最初の収穫を祝った日は、アメリカの祝日になっています。

イギリスでの迫害を逃れて
アメリカへ渡る清教徒た
ち。のちにピルグリム・
ファーザーズと呼ばれる彼
らは、1620年11月にプリ
マスに上陸すると、キリス
ト教徒にとっての理想社
会建設を目指しました。
（ロバート・ウォルター・ウィ
アー『ピルグリム・ファー
ザーズの乗船』）

③ アメリカ人になるには、どうしたらいいの?

A グリーンカードの取得が必要です。

永住権（グリーンカード）を取得すれば、アメリカに永久に滞在することができます。条件としては、①配偶者や家
族がアメリカ人、②アメリカが投資先、③自己の才能や能力、④アメリカでの雇用先のアシストのほか、年に一度、
応募者からの抽選が行われます。ただ、永住権を取得しても、投票権がない、一部公職に就いたりすることができ
ないなどの制約はあります。

④ アメリカ人が銃を手放さないのはなぜ?

A アメリカのアイデンティティを支えるものだからです。

憲法修正第2条に「武器保有権」が規定されていて、個人の自由として銃の所持を容認している州が大半です。
しかし、年間約2万人の負傷者が出ているほか、乱射事件の多発を受け、ニューヨーク州が繁華街や公共機関へ
の銃の持ち込みを禁止する州法を定めるなど、各州で規制強化が進み始めています。

Q 大統領には誰でもなれるの？

A アメリカ生まれであることが 条件です。

加えて35歳以上であること、アメリカに14年以上住んでいることが条件です。

大統領の決定プロセスは
培ってきた民主主義の原点。

強大な権力を任されることになる大統領の候補者は、
1年間の選挙期間、各州への遊説やメディアでの討論会など長丁場を戦っていきます。
そして、たどり着いたホワイトハウスで、国と一体になった政務が続きます。
政府職員や料理人など、100人以上のスタッフが大統領を支えています。

Q アメリカ大統領の役割を教えて！

A 主に5つの役割があります。

大統領の任期は4年2期までとされていて、①国家元首としての儀礼活動、②各省長官や政府職員、連邦最高
裁判所・下級裁判所の裁判官の任命、③軍事の最高司令官、④条約締結や大使任命、⑤施策についての
議会審議の勧告や議会で可決された法案の拒否権行使といった5つの役割があります。

大統領が搭乗した航空機や軍用機のコールサインを「エアフォース・ワン」と言います。大統領が搭乗していない時にはこ
のコールサインは使われません。ちなみに、副大統領が搭乗する機体は「エアフォース・ツー」となります。

アメリカの大統領は、
どうやって選ばれるの?

A　4年に1度の選挙で、1年間
かけてじっくり選ばれます。

まず各州で、民主党・共和党それぞれで集会・予備選挙が開かれ、各州の候補者を選出します。各党の候補者から全国党大会で、各党の候補者が選出されます。各州で、二大政党以外の候補者を含めた全国民が参加する本選挙が行われ、勝利した候補者は州で決められた人数の選挙人を総取りします。その選挙人による投票で、大統領が決まります。

大統領選挙の流れ

1	候補者が出馬表明
2	予備選挙
3	党員集会や党内選挙
4	各州の候補を選出
5	全国党大会
6	民主党・共和党候補者が選出
7	本選挙
8	各州で一般投票
9	勝利した候補者が各州の選挙人を総取り
10	選挙人による投票で過半数を得票
11	大統領就任

 「スーパー・チューズデー」って、いつ?

A　大統領選挙期間中の2〜3月上旬の火曜日です。

この日は20ほどの州が、予備選挙や党集会を行います。火曜日(チューズデー)なのは、アメリカが広大だから。日曜日の翌日、月曜日のまる一日をかけて投票所をめざし、火曜日なら投票が行えるという、かつての伝統が現代にまで残っているのです。

Q　大統領選挙に登場する「選挙人」って、
どんな人たち?

A　各州の本選挙を勝利した大統領候補に、
投票を約束した地域の有力者です。

大統領候補の推薦人や各州の党や団体関係者、活動家やロビイストなどがなります。しかし、連邦議会議員や連邦政府の現職公職者はなれません。選挙人は合わせて538人で、選ぶ条件やルールは州によって異なります。

★COLUMN★　フリーメイソンとアメリカ

　18世紀初頭、中世の石工組合を起源とし、ロンドンで組織された、人種や階級の垣根を越えた平和人道主義を目指す友愛団体が、フリーメイソンです。神秘主義的な儀式や合言葉が用いられるため、ヨーロッパの政府や宗教団体には危険視され迫害される側面もありますが、アメリカは植民地時代から集会所(ロッジ)が存在して、独立戦争にも大きく寄与したと言われています。初代大統領ワシントンもメンバーだったとされています。

Q 共和党と民主党、
　一体何が違うの？

A 大きな政府を求めるのが民主党、
　小さな政府を求めるのが共和党。

**アメリカ合衆国
議会議事堂**

1800年の完成後、修築を経
て現在に至る新古典主義建築
です。高さ88m、直径29mの
特徴的な大ドームを持つ形式は、
各地の州議事堂のモデルともな
りました。アメリカ合衆国議会
の上院・下院の議事堂が入る、
合衆国の中枢です。
（ワシントンD.C.）
（写真：Steve Vidler ／ アフロ）

民主党と共和党による
アメリカ独自の二大政党制。

開拓民の農民たちが思い描く政治を目指す党と、
全国民の人権を解放するために生まれた党が、
現代のアメリカの二大政党制の原点です。
選挙戦では、それぞれの想いが錯綜する、ダイナミックな戦いが繰り広げられます。

Q 民主党と共和党が生まれたきっかけは?

A 西部の農民の政治参加と
黒人奴隷の是非がきっかけです。

1829年に就任したジャクソン大統領は、東部のエリートを主体とした政権運営ではなく、西部の農民などにも政治参加を促す民主党を結成しました。その手法を批判する人たちがホイッグ党を結成。しばらくはこの両党による二大政党制でしたが、奴隷制の南北対立が深まる中で、1854年に制度反対派が共和党を結成し、リンカーンが共和党初の大統領に当選しました。

連邦議会は下院（代議院）と上院（元老院）の二院制です。下院議員は地域選挙区の代表として、各州に最低1議席が保証されており、残りの議席は州の人口に応じて振り分けられています。上院は、議員が州全体を代表し、各州が平等に代表権を持つように2議席ずつ与えられています。

②　政党の党首は大統領にはなれないの？

A　そもそも党首がいません。

党首のような役割は、党全国委員会の委員長と院内総務が担います。全国委員会は議員と党職員から構成され、広報活動や政治資金の調達を行い、その長は大統領候補を指名する全国大会の運営に責任を持ちます。一方、政策の立案や決定を担うのが院内総務で、国会議員団代表のような役割です。大統領は行政、立法は国会議員と権限がはっきりしているのがアメリカ政治の特徴です。

③　二大政党以外に政党はないの？

A　ありますが、力を持ちにくい政治体制です。

緑の党のように複数回にわたって大統領選挙に候補を擁立した例もあります。しかしほとんどの場合、二大政党を崩すのは困難で、短期間に政党としての実質が失われることが多いのが現実です。

共和党のシンボルの象は、リンカーンが党の強さの象徴として新聞に掲載したのが起源と言われます。民主党のシンボルであるロバは、共和党員から民主党の大統領候補をロバに揶揄されたことで広がったもので、公式には採用されていません。

④　イギリスの二大政党制と違いはあるの？

A　大統領と議会の多数党が、　必ずしも一致しないところが違います。

同じ二大政党制のイギリスでは、保守党と労働党のうち、多数党が与党となり、首相を選出します。アメリカは、大統領と国会議員は別の選挙で選出されるので、大統領政府の政党と議会内多数党が必ずしも一致するとは限りません。

★COLUMN★ ## ロビイストってどんな人たち？

アメリカの政治・経済を大きく担う、アメリカ独特の存在です。各産業団体や環境活動団体など、団体の利益を政治に反映させるため、いわゆる「ロビー活動」を、政党や議員、官僚などに働きかける専門家になります。そのために利害が対立する団体の力を弱めるための情報収集なども業務に含む、優秀な頭脳を持つ、駆け引きに長けた政治のプロフェッショナルです。もちろんアップルやメタなど大手 IT 企業にも腕利きロビイストが雇われ、税金や広告規制を求める政府の勢力と応酬を繰り広げています。

Q アメリカに大自然が
　多く残っているのはなぜ？

イエローストーン
国立公園

世界初の国立公園となったイエローストーン国立公園。アイダホ、モンタナ、ワイオミングの3州に広がる広大な公園のなかでも、グランド・プリズマティック・スプリングは、とくに有名な同国最大の熱水泉です。
（ワイオミング州）

A 自然保護の精神を
いち早く身につけたためです。

19世紀末、合衆国大統領となったセオドア・ルーズベルトは、グランドキャニオンの景観に感銘を受け、進む乱開発に歯止めをかけると同時に、自然保護区を設定して自然保護に乗り出します。これが現代に続く国立公園の概念の先駆けとなりました。

貪欲に開発に邁進する反面、
自然保護のマインドも持ちます。

アメリカの人々は早い時期から自然保護の理念を持ちあわせ、
世界に先駆けて国立公園をイエローストーンに創設しました。
以来、この思想は広まり続け、いまや50以上の国立公園と75の国立モニュメントを
有しています。その下支えには、国や保護団体のほか、国民の理解があります。

アメリカでの自然保護の理念は、
いつ頃からあったの？

A　1800年代です。

アメリカの国立公園創設には、環境保護を訴え続けた冒険家ジョン・ミューアの存在があります。「国立公園の父」とも言われ、グランドキャニオンなど、多くの国立公園制定に携わりました。

ヨセミテ公園にある340kmある遊歩道「ジョン・ミューア・トレイル」は、彼の功績を讃えて名づけられました。

② 日本とアメリカの 国立公園の違いってある？

A　アメリカの国立公園は、すべて国有地です。

国立公園を現場で管理する パークレンジャーは、アメリカで は確立した職業です。ガイドツ アーなどを実施したり、道や気 象などについての情報提供をし たりするほか、アウトドアの医療・ 消防・救助などの資格を持つレ ンジャーも活躍しています。

アメリカでは国有地を公園専用としているので、厳正な自然保護が可能です。しかし、日本では私有地を多く含んで いるので、公園管理者が区域を定めて指定すれば、住居など私用の建造物があっても国立公園が成り立ちます。

③ アメリカの環境保護団体の特徴は？

A　時には政治に圧力をかけるほどアクティブです。

アメリカの環境NGO団体は、資金や人員を 大統領選挙に提供しているほど影響力が あります。森林火災や巨大ハリケーンといっ た近年の気候変動に起因するとみられる 災害多発を受け、より行動的な新世代の 環境活動家が相次いで誕生しています。

近年、アメリカでは、熱波や乾燥、干ば つの深刻化に伴う山火事が頻発してい て、ヨセミテ国立公園を含むカルフォル ニア州でも山火事が長期化しています。

Q 建国記念日ではなく、
独立記念日と言うのはなぜ？

A 独立宣言に署名した日を、
　建国の日としているためです。

勝ち取った13州から出発し、「モノ言うアメリカ」へ。

独立戦争の戦火の中でも会議で採択された独立、
そして自由と平等な基本的人権……。
イギリスとの劣勢な戦いを、ワシントンを司令官として戦い抜き、
やがて世界で類を見ない大国となる歴史が幕を開けました。

① 最初に独立した13州は、もともとどこの領地だったの？

A イギリスの植民地でした。

北アメリカでの入植地が拡がるとイギリスとフランス入植者の間で、ネイティヴ・アメリカンも絡んだ領土を巡る戦争が頻発しました。戦いは植民地の人々の活躍もあってイギリスが優位になったにもかかわらず、本国は戦費を植民地に押し付ける動きを見せました。そうしたなか植民地では「代表なくして課税なし」と反発する声が強くなりました。

独立間もない13州時代の星条旗。
（写真：plainpicture／アフロ）

② 支配国であるイギリスとの衝突のきっかけは？

A お茶に関する法律です。

アメリカ植民地でのお茶の輸入はイギリスに課税されていたので、植民地ではオランダからお茶を密輸入するようになっていました。ところが、法律でイギリスが国（東インド会社）で市場を独占しました。そのことに激しい反対運動が起こり、茶箱を海中へ投棄して（ボストン茶会事件）、独立運動へと発展していきました。

ボストン茶会事件を描いた1846年のリトグラフ。茶の投機に加わった人々は、ネイティブアメリカンの格好をしていたといわれます。

ボストン茶会事件の舞台になったボストン港は、工業・漁業ともに東海岸の主要な港に成長しました。

③ 独立軍側の司令官、ワシントンについて教えて！

A 独立後、アメリカの初代大統領になります。

ワシントンはもともとヴァージニアの大農園主で、軍人として活躍後、ヴァージニア代議会議員になります。アメリカ独立宣言後も厳しい戦いが続きましたが、フランスの参戦もあって、1777年10月のサラトガの戦いで大勝して形勢を逆転しました。

ヨークタウン戦勝記念碑。1781年のヨークタウンの戦いで独立戦争は終わり、1783年にイギリスとの間でパリ条約を締結して、アメリカは独立を果たしました。戦場だった場所には、塹壕や砦の名残がいまも残されています。（ウエストヴァージニア州）

モニュメントバレー

ユタ州南部からアリゾナ州北部にかけて広がる荒野です。風と雨、そして温度の変化が、5000万年もの年月をかけて高地の表面を切り取り、「アメリカの原風景」とも呼ばれる幻想的でワイルドな景観となりました。（アリゾナ州）

Q

アメリカの
国土の特徴を
覚える方法を
教えて!

A

全体を
7つにわけて
捉えましょう。

すなわち、アメリカ発祥の地である東部、保守的な南部、工業・農業地帯である中西部、広大な平原地帯が広がる西部、メキシコ系住民の多い南西部、主流派に対抗する西海岸、辺境のアラスカ・ハワイの7地域です。

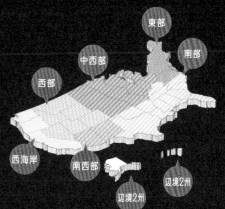

東部

南部

中西部

西部

西海岸

南西部

辺境2州

辺境2州

多様な顔を見せるアメリカの地形は、国を成り立たせる重要な骨組み。

広大な北米大陸を中心としたアメリカの国土は、
ここに暮らす人々へ多くの恵みをもたらしてきました。
農作物、鉱物、そして手つかずの大自然……。
アメリカの爆発的な工業発展は、こうした天然の基礎なくては語ることができません。

Q アメリカの広大な農地は、もともとどんな土地だったの?

A 「グレートプレーンズ」と呼ばれる広大な草原でした。

ミシシッピ川の西と、ロッキー山脈の東に位置するアメリカの農業を支える地域が、グレートプレーンズです。農地になる前は広大な草地・低灌木が拡がっていました。

グレートプレーンズから生まれた穀倉地帯は、大豆やトウモロコシなどの世界的な生産拠点になっています。

② ガンマンが活躍した西部が乾燥しているのはなぜ？

A 南北に伸びる山脈が雨雲をさえぎるからです。

西部劇の映画でもよく見られる風景です。ロッキー山脈、カスケード山脈やシエラネバダ山脈があり、広大で乾燥した砂漠地帯となっていて「グレートベースン」と呼ばれます。

グレートベースン地帯に含まれるデス・ヴァレー国立公園。グレートベースンの北限は国境をまたぎ、カナダのサスカチュワン州やアルバータ州まで伸びます。

③ プエルトリコも、アメリカなの？

A アメリカの「海外領土」です。

海外領土は、アメリカに経済や防衛、社会インフラなどを支援してもらっている、個々に自治権を有するアメリカ領です。カリブ海にあるアメリカ領ヴァージン諸島とプエルトリコ、さらに太平洋にある北マリアナ諸島、グアム、アメリカ領サモア（法的には非自治）の5つが、自治権のある海外領土になります。

北マリアナ諸島の島のひとつサイパンのマニャガハ島。「自治権がある海外領土」とは別に、ミッドウェー島やベーカー島など無人島の「自治権のない海外領土」もあります。

★COLUMN★ アメリカの気候

　アメリカの広大な地域には変化に富む地形同様、多様な気候も存在しています。シカゴなどアメリカ東部・中西部は、北海道が属する亜寒帯湿潤気候、アトランタは日本の本州が属する温暖湿潤気候、テキサスなどカリフォルニア湾に至るコロラド川の流域は乾燥帯砂漠気候が広がります。ほかにもマイアミ半島の先端は熱帯モンスーン気候、デンバー周辺は乾燥帯ステップ気候になります。

Q アメリカはなぜ
　移民の国になったの？

エリスアイランド
移民博物館

アッパーニューヨーク湾に浮か
ぶエリス島にある博物館。エリ
ス島には1954年まで移民局が
置かれ、1200万人もの移民が
この島を通ってアメリカに入りま
した。博物館には、移民たちの
バッグなどが展示され、往時の
様子が再現されています。
（ニューヨーク州）
（写真：Alamy／アフロ）

A さまざまな要求に
応える土地だったためです。

まずフランス人が帽子用のビーバーの皮を求め、カナダにたどり着きました。イギリス人はたばこの
産地にヴァージニアを選び、また別のイギリス人は多様な宗派のキリスト教信仰の実践の場を現在
のアメリカに求めました。そしてアイルランド人やイタリア人などカトリック教徒は、本国の経済苦境
から逃れるために新天地を目指しました。こうして移民国家アメリカが誕生したのです。

「人種のサラダボール」と呼ばれる、その多様性がパワーを産む。

アメリカ合衆国の国そのものは、移民がつくり上げたものです。
アフリカ系の黒人によるラップなどのストリートカルチャーもアメリカならでは。
それは日本人も同じで、古くはハワイのサトウキビ畑から、
現在の最先端技術の研究所まで、活躍の場を求めて訪れています。

① アメリカ建国の主体になったのは、どんな人たち?

A 「ワスプ」と呼ばれる人たちです。

ワスプ(WASP)は、「White」「Angro-Saxon」「Protestant」の頭文字をとった略称で、白人で、アングロ=サクソン系で、プロテスタント信者を指します。アメリカ建国の主体となったイギリスからやってきた人々の子孫で、20世紀の経済成長期に、中・上層階級を形成していた人々です。

ボストンの町並み。ワスプは、アメリカ大陸で最も古くイギリスからの入植が進んだニューイングランド地方(現在ではアメリカ北東部マサチューセッツのボストンをはじめ、コネティカット、ロードアイランド、ニューハンプシャー、メイン、ヴァーモント)に住んでいました。

② ラッパーが、ダボダボな服装なのはなぜ?

A 成長を見越して、子どもに洋服を買ったことの名残です。

ストリートファッションが流行った1970年代、ニューヨークのブロンクス地区に多く住むアフリカ系黒人たちは貧しく、子どもたちの成長を見越して大きなサイズの服を買っていたことがルーツにあります。ラップなどのストリートカルチャーには、「(差別へは)暴力ではなく、ダンスで戦おう」が根底にあります。

③ かつてのネイティヴ・アメリカンは、いまどこに住んでいるの?

A 保護政策がとられていますが、全米どこでも居住が可能です。

1830年代に現在のオクラホマ州に強制移住させられた背景から、3分1の人口がカリフォルニア州、アリゾナ州、オクラホマ州に集中しています。ニューヨークは全米の都市の中で最も多くのネイティヴ・アメリカンが住んでいて、都市部で暮らし、保留地外の白人の町で暮らすネイティヴ・アメリカンは、「シティー・インディアン」と呼ばれています。

オクラホマ州の保留地内にある「インディアン・カジノ」は、アメリカ連邦政府が公認したもの。保留地を持つ部族だけに与えられた公営ギャンブルの権利で、貧困にあえぐ保留地の数少ない収入源のひとつとなっています。

④ 近年は、どんなところから移民が来ているの?

A 中南米からの不法移民が問題になっています。

メキシコなど中南米の国々に加え、ハイチをはじめとするカリブ海諸国などからの移民が増えています。新型コロナでの経済の落ち込みのほか、ハリケーンや地震などの天災、政情不安などで、年間100万人以上が不法入国し、アメリカ政府も頭を悩ませています。

★COLUMN★ **日系移民**

　日本人のアメリカへの移民は、明治元年にハワイに渡ったのを皮切りに拡大しました。しかし、黄色人種で非キリスト教信者の日系移民に対する白人の反感は続き、1924年に成立した移民法で日本人の移民は禁止されました。その後、アメリカで生活をしていた日本人は、第二次世界大戦中に強制収容所に収容されるなど苦難の日々が続きましたが、勤勉さと適応力で徐々に地位を向上させ、ハワイ州知事や陸軍大将など各方面で著名人を輩出しています。

ニューヨーク証券取引所と「恐れを知らぬ少女」

ニューヨーク証券取引所ビルと向かい合うようにして立つ少女の像。企業経営陣の女性比率向上などのメッセージ性を含んだ像ですが、アメリカ経済の中心において別のメッセージ性を持つかのような不思議な景観を形作っています。

アメリカなしでは語れない、世界経済への大きな影響力。

20世紀初頭に頭角を現したアメリカ経済は、
まるで怪物のように肥大して、現在に至ります。
大量生産・大量消費から産み出される問題のほか、
地域格差・環境破壊など、ひずみが生じていることも事実です。

① アメリカが世界一の経済大国になったのは、いつのこと？

A 第一次世界大戦が決定打でした。

それまではイギリスが世界一の経済大国でしたが、ヨーロッパは第一次世界大戦で混乱します。アメリカからは、戦争に必要な軍需品や鉄鋼のほか、食料の主要品目である小麦のヨーロッパへの輸出量が増えます。加えて戦火が及ばなかったアメリカでは人口が増大し、生産力を支える労働力も潤沢に抱える状況になりました。

② 大量生産・大量消費を牽引した産業は？

A 自動車産業です。

フォード社のT型モデルが、ベルトコンベア・システムで大量生産できるようになり、価格が低下することで一般大衆が自動車を購入できるようになりました。時を同じくして石油産業が急成長。自動車はアメリカの血液のように、人・物・サービス・文化を行きわたらせ、さらなる大量生産・大量消費につながりました。

自力で最初のガソリン自動車を開発した技術者ヘンリー・フォードはフォード社を立ち上げ、1908年にT型モデルを発表しました。

★COLUMN★ **アメリカ経済の最大のライバルは？**

現在は中国です。アメリカにとって中国は、イデオロギーが違いながらも最大の貿易相手国で、経済面ではなくてはならないパートナーです。しかし、ハイテク分野の特許などの問題で衝突し、関税率の引き上げの応酬が続いています。また、アジアでの安全保障上の懸念をはらんでいて、アジア・アフリカ諸国などを巻き込みながら外交戦が繰り広げられています。

多くの独立国が協力し合うように、各州が独自色を打ち出します。

アメリカンパワーの源は、独特な統治機構にも現れています。
外交・国防・貿易以外、すなわち司法・立法・行政を、それぞれの州に委譲し、
さらには警察や教育まで、州独自の運営に任されています。
アメリカは「自由は自分の手で守る」が徹底された国なのです。

① 州の権限は、どれくらい強いの？

A 憲法で連邦政府の監督下に置かれていないので、
独自の教科書もつくれます。

州政府は、連邦政府と同じ組織構成で、公選された知事は州の行政を司る大統領ということになり、また独立した司法・立法も持っています。教科書のほかにも、結婚許可証や運転免許証の発行なども州で管理されていて、住民が自分たちの手で国を治めるという理念と伝統に基づいています。

② 州は、軍隊も持っているの？

A 州の軍隊も存在します。

州兵は、正規アメリカ軍（連邦軍）とは別に、大統領の命令によって連邦管理下にされない限り、州知事の管轄下にある軍隊です。連邦軍は国外活動に主眼が置かれますが、州兵の主な任務は州内の自然災害、捜索救助、治安出動、そして州に侵攻があった場合の防衛です。大多数の州兵は予備役で、毎月1回の週末と年に2週間の訓練参加が義務付けられています。

ベトナム戦争後に徴兵制度は終わりましたが、現在は18歳から25歳までのアメリカ国籍を持つ男性は選抜徴兵登録制度への登録が義務付けられています。

★COLUMN★ 州知事は「民主主義の実験室の長」

アメリカの50州は「民主主義の実験室」として知られます。各州はそれぞれ独創的な政策を考案し、州内で試した結果、その施策が効果的であれば、連邦政府で採用することもあるからです。その長を担う知事は、一国の行政府を管轄する役割を担っていると言えるのです。

Q ジャズが生まれたきっかけは?

A 南北戦争に敗れた南部の人々の 八つ当たりが発端でした。

ジャズ発祥の地と言われるニューオーリンズは人口の３分の２がアフリカおよびカリブ海の黒人で、さらにカナダから大量の移民が押し寄せました。彼らの子孫たちの文化が混じり合い、ジャズが誕生したとされています。

文化が混じり合い、反発しながら、世界唯一の化学変化が起きました。

音楽、アート、映画、スポーツなど、食文化から生活様式に至るまで、
アメリカのカルチャーは、いまも昔も大きな魅力のひとつです。
日本をはじめ、世界中の人々を引きつけて止みません。18世紀に生まれた
新しい国でありながら、その文化はどのように急成長を遂げたのでしょうか?

① 多くの音楽ジャンルがアメリカで生まれたのはなぜ?

A さまざまな民族の音楽が融合したからです。

黒人奴隷の労働歌にルーツのあるブルースやゴスペルと同様に、白人労働者からはカントリー・ミュージックが生まれ、そんな白人音楽の影響を受けた黒人ミュージシャンからソウル・ミュージックが登場しました。ブルースとカントリーが融合したロックもあれば、黒人のアイデンティティから生まれたヒップホップなど、人種、階級、時代など多種多様な背景の人がいるからこそ生まれた文化がアメリカにはあるのです。

② アメリカの美術館に、印象派の作品がたくさんあるのはなぜ?

A アメリカンドリームの象徴だったからです。

経済成長を遂げる20世紀のアメリカでしたが、当時のアメリカには文化と呼べるものがありませんでした。そこで目を付けたのが、芸術の国フランスで台頭していた新しい潮流の「印象派」です。資産家たちは成功者の証として印象派の絵画をこぞって買い集めたのです。

ジョルジュ・スーラ『グランド・ジャット島の日曜日の午後』は、シカゴ美術館が入手し常設展示されていますが、門外不出とされています。

③ Q アメリカで もっとも競技人口の多いスポーツは？

A アメリカンフットボールです。

NFLの頂点を決めるスーパーボールは国民行事です。次に人気なのは、黒人選手が競技を牽引してきたバスケットボール。そして、もっとも歴史が長くプロスポーツの原点でもあるベースボールが続きます。カナダのチームもあり、北部の州で人気のあるアイスホッケーとともに、最近ではサッカーも人気です。

スーパーボールは、スタジアムに10万人を超える観客が詰めかけ、全世界で1億人以上がテレビ視聴すると言われる一大行事です。ハーフタイムショーに超大物アーティストが登場するので、それも話題になります。

④ Q アメリカの芸術・文化は、 何に支えられているの？

A 寄付金です。

莫大な寄付総額の中で芸術分野は5%に過ぎませんが、2020年には236億ドル（約2.6兆円）もの寄付金が文化事業に投入されています。これらの寄付を受けられる団体は、「501（c）（3）」という法的資格を持つ必要があり、寄付は税控除の対象となります。芸術家の活動資金の調達は、日本のようにプロダクションに頼りきらず、自身で資金を集めるという考えが浸透しています。

★COLUMN★ **アメリカ人と宗教**

アメリカでは、およそ90%の人が神の存在を信じていて、ダーウィンの進化論よりキリスト教の創造論を信じる人が多くいます。もともとは比較的リベラルな立場でキリスト教を信仰するプロテスタント派が多数でしたが、移民によって、ユダヤ教やイスラム教などの信者も流入しました。さまざまな信仰を受け入れ、神の存在を信じる国民性だからこそ、集団自殺などを引き起こすカルトが生まれやすいという一面もあります。

column 1
アメリカの絵画

メトロポリタン美術館をはじめ、世界有数の美術館を抱えるアメリカですが、芸術の芽生えは遅く、植民地時代にはアメリカ人芸術家がほとんどおらず、18世紀後半から19世紀初頭の芸術家は主にイギリス絵画風の肖像画や風景画を描いていました。そんなアメリカの絵画がフランスと並ぶアートの中心地となるまでに、どのような歴史をたどったのでしょうか?

アメリカ絵画の台頭とウェスト

ベンジャミン・ウェストとジョン・シングルトン・コプリーがロンドンの美術界で成功を収め、アメリカ絵画の先駆者となりました。とくにウェストは国王ジョージ3世の肖像画の依頼を受けるなど、王族や上流階級の人々の肖像画で人気を博しました。

ベンジャミン・ウェスト
『ウルフ将軍の死』

ジョン・シングルトン・コプリー
『ワトソンと鮫』

コプリーとピール

ウェストと同時期に活躍した画家にコプリーがいます。ボストンに生まれた彼は、『ワトソンと鮫』などの代表作で知られ、のちにヨーロッパへ渡って活躍しました。一方、メリーランド出身のチャールズ・ウィルソン・ピールは、アメリカ独立革命の英雄たちの肖像画を手掛けて人気を博す一方、アメリカ初の大型博物館を設立したり、ペンシルベニア美術アカデミーの設立支援を行うなど、アメリカ絵画の発展に貢献しました。

チャールズ・ウィルソン・ピール
『制服を着たジョージ・ワシントン』

ハドソン・リバー派

19世紀になると、芸術家を養成するための施設がアメリカ各地に設立され、風景画のジャンルにおいて、「アメリカ美術」と呼べるものが生まれてきます。それが、トマス・コールから始まるとされるハドソン・リバー派。彼らはアメリカ東部諸州の手付かずの自然の中に分け入り、広大な自然を緻密な細部描写で大画面に描き出しました。

トマス・コール
『嵐の後、マサチューセッツ州、ノーザンプトン、ホリヨーク山からの眺望 または ジ・オックスボウ』

アルバート・ビアスタット
『カリフォルニア州シエラネバダ山脈の中で』

印象派

20世紀、アメリカがモダン・アートの中心となっていきます。その先駆となったのが、ヨーロッパではあまり人気のなかった印象派の作品です。カサットやサージェントといったアメリカ人画家が印象派の作品を描いて活躍していましたが、アメリカが好景気を迎えると、モルガンやロックフェラーなどの新興財閥が印象派の作品を買い漁り、アメリカに多くの印象派作品をもたらしました。

メアリ・カサット『舟遊び』

Q ニューヨークが、世界有数の 都市となったのはなぜ？

ブロードウェイ
タイムズスクエアを走るタクシー。

ニューヨーク州

人口	20,201,249人 （2020年）
面積	141,299 km²
州都	オールバニ
主要都市	ニューヨーク、バッファ ロー、ヨンカーズ
主要産業	金融、製造、電子機 器、出版、アパレル、 農業（リンゴ、キャベツ、 酪農品）

A 水運と鉄道による交通の便が
よかったからです。

大西洋に開かれた不凍港として発達し、五大湖への運河が開通すると、蒸気船で
穀物や石炭などが運べるようになりました。マンハッタンで鉄道での大量輸送が
可能になると、ヨーロッパとアメリカ本土とを結ぶ港湾都市として発達しました。

多様な人種がひしめく、
アメリカの経済＆文化の中心地。

東部にはアメリカを象徴する「自由の女神像」があり、
西部には世界三大瀑布のひとつ、ナイアガラの滝がひかえます。
ニューヨーク州は、世界経済とメディアに強い影響力を持つ、
エネルギーに満ちあふれた州です。

ナイアガラの滝は、
カナダとアメリカ、どっちのもの？

A　両方のものです。

ナイアガラの滝は、アメリカとカナダの国境の上にあり、カナダのオンタリオ州との国境を挟んだ「カナダ滝」とニューヨーク州側にある「アメリカ滝」と「ブライダルベール滝」で構成されています。多くの観光客がカナダ側を訪れて滝を見るのは、アメリカ側を背景した方が、景観が美しいからです。

アメリカ側・カナダ側ともに、観光船に乗れば、大量の水しぶきが感じられるほど近くまで滝に接近できます。

リバティ島の海を挟んで対岸に広がる「マンハッタン」の語源は、ネイティヴ・アメリカンの言葉で「多くの丘がある島」という意味です。

② 自由の女神像を管理しているのは、ニューヨーク州？

A 州ではなく、連邦政府です。

女神像がそびえるリバティ島は、場所としてはニュージャージー州寄りにありますが、行政区としてはニューヨーク州の飛び地となっています。しかし、女神像自体はニューヨーク州ではなく、連邦政府によって管理されています。

③ ニューヨークで、ホットドッグが広まったのはなぜ？

A 忙しいニューヨーカーに好まれたからです。

ドイツ移民がよく食べていたソーセージをアメリカへ持ち込み、直接持つと熱いのでパンに挟んで提供されたのが始まりと言われています。いまも昔も食べ歩きが好きなニューヨークカーにとって、ホットドッグはピッタリな食べ物でした。

ニューヨークの町中にホットドッグの屋台があり、さまざまなバリエーションを楽しめます。

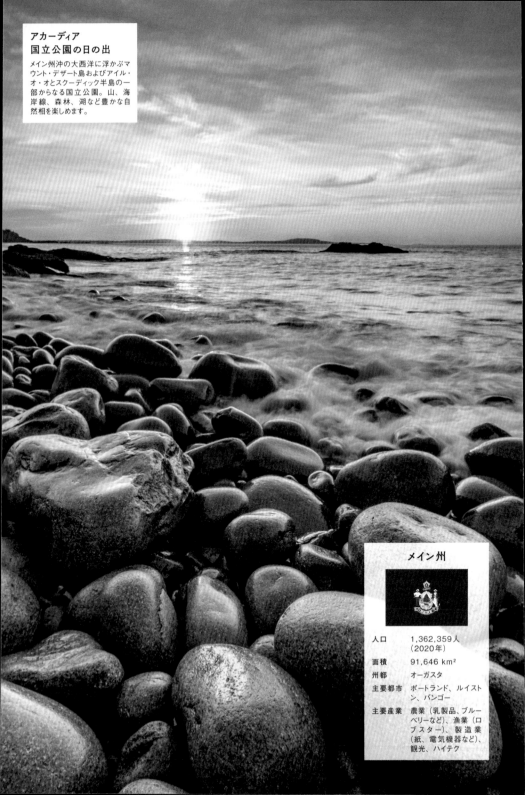

**アカーディア
国立公園の日の出**

メイン州沖の大西洋に浮かぶマ
ウント・デザート島およびアイル・
オ・オとスクーディック半島の一
部からなる国立公園。山、海
岸線、森林、湖など豊かな自
然相を楽しめます。

メイン州

人口	1,362,359人 （2020年）
面積	91,646 km²
州都	オーガスタ
主要都市	ポートランド、ルイスト ン、バンゴー
主要産業	農業（乳製品、ブルー ベリーなど）、漁業（ロ ブスター）、製造業 （紙、電気機器など）、 観光、ハイテク

夏のリゾート地としても人気、海と森を抱く自然豊かな大地。

アメリカの北東に突出したメイン州は、
冷涼な気候で、夏のリゾート地としてにぎわう州。
大西洋に面したフィヨルドが、美しい景観を描いています。

① アメリカで最も早く朝を迎えるのはどこ？

A　メイン州のアカーディア国立公園です。

アメリカ大陸の最東端に位置するため、アメリカでいちばん早く朝日を迎えます。ジョン・ロックフェラー2世の出資により、17の御影石で架けられた橋などが、メンテナンスされながら使用されています。

② メイン州が名物の海産物を教えて！

A　全米一の水揚げ量を誇るロブスターです。

メイン州は大西洋に広く面していて漁業が盛んで
す。なかでもロブスターの味には定評があり、ロブス
ターの身をこぼれんばかりに挟んだロブスターサンド
は、地元の味として親しまれています。近年は新鮮
なウニも水揚げされて日本人に人気です。

ポートランドの港では、ロブスター漁を行う漁船が多く見られます。籠の中でロブスター同士が傷つけあってしまわないよう、はさみ脚にはゴムバンドをつけます。

★COLUMN★ **トレッキングの拠点「フリーポート」**

自然豊かなメイン州では、トレッキングが盛んです。とくにフリー
ポートの町は、アウトドアメーカーのL. L. Beanの発祥地でもあり、
旗艦店があります。ほかにもメジャーからローカルブランドまで、
500ものアウトドアブランドのお店が軒を連ねています。

フリーポート発祥のブランド、L.L.Beanの
旗艦店のシンボルは、巨大なブーツです。

白い教会

広い農園やプロテスタント系の
教会など、ヴァーモント州には、
アメリカの心の故郷と形容され
る素朴な風景が広がります。

ヴァーモント州

人口	643,077人（2020年）
面積	24,923 km²
州都	モントピリア
主要都市	バーリントン、サウス
バーリントン、ラトランド
主要産業	酪農、観光、製造、
不動産業、観光、農
業（リンゴ、メープルシ
ロップなど）

森の恵みを守って糧とする、
リベラルで誇り高き州。

州名がフランス語で「緑の山」を意味するように、
土地の7割以上を森林に覆われているのがヴァーモント州です。
そうした豊富な資源を活かしたメープルシロップや家具作りのほか、
近年ではコンピューター産業も盛んになっています。

① 日本メーカーのカレールーに 州名がつけられているのはなぜ？

A 民間療法に由来します。

長寿の州としても知られ、りんご酢とはちみつを使った伝統的な民間療法が話題となっていた時期に、日本メーカーが発売目前のカレールーの名称として採用しました。州特産のメープルの樹液からつくるシロップは全米一の生産量を誇り、ヴァーモント州の家庭の食卓にはシロップが調味料として常備されるほどです。

メープルシロップは、サトウカエデの幹に小穴をあけて採取した樹液を、熱で濃縮してつくります。

② 町の景観を守るために、 州がしていることはある？

A 道路沿いの広告看板を 禁止しています。

ヴァーモント州には、環境保全の観点から制定された、アメリカでは珍しい法律があります。州内には個人商店が多く、州都モントピリアは、州都ではマクドナルドがアメリカで唯一ない町として知られています。

ヴァーモント州モントピリアの街並み。

港町ポーツマス
ピスカタクア川河口に位置する人口わずか2万人の小さな街ですが、ビーチや灯台、多様なアクティビティにあふれる街です。

ニューハンプシャー州

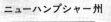

人口	1,377,529人（2020年）
面積	24,217 km²
州都	コンコード
主要都市	マンチェスター、ナシュア、デリー
主要産業	農業（乳製品、リンゴ、卵、牛など）、林業、機械、電機機器、繊維、木工、観光

消費税や個人所得税がゼロ。
お財布にやさしい州です。

4年に1度のアメリカ大統領選挙では、
全米から注目されるニューハンプシャー州。
港町ポーツマスは、日露戦争の終結後に、
日本とロシアが条約を締結した場所としても知られています。

大統領の選挙で、全米から注目されるのはなぜ？

A 予備選挙が最初に行われる州だからです。

予備選挙は各州で行われる、共和党・民主党の公認候補をひとりに絞る選挙です。アイオワ州とともに最も早く予備選が行われるのが、このニューハンプシャー州。「自由に生きる、然らずんば死を」をモットーとし、独立と自治の精神が強いこの州で勝利を収めた候補は、その後の選挙も優位に運ぶ傾向にあるようです。

州の愛称は、特産品であり強固な州民気質を表す「花崗岩の州」。スウィフト川の花崗岩は、ブルックリン橋の建設に使われました。

② 消費税と個人所得税を免除して、州は何で財源を賄っているの？

A 固定資産税と質素倹約の精神です。

ニューハンプシャー州では、消費税と個人所得税の免除が、観光客を呼び込んでいます。州の主要財源は固定資産税で、全米で3番目に高い税率です。州政府よりも、郡などの地元自治体に権限が与えられていて、小さな政府を旨としています。

清教徒が降り立ち、
建国のきっかけとなりました。

マサチューセッツは、大西洋を渡ってきた100人余りの清教徒が降り立った
アメリカ始まりの地——。後年、重税への不満から東インド会社の商船の積荷を
海へ投棄し、独立革命の火ぶたが切られたのも同州でした。
この州には、江戸時代にある日本人がいたことでも知られています。

Q　ボストンに、なぜ世界から
　　優秀な学生や研究者が集うの？

A　アメリカ有数の学園都市だからです。

アメリカ最古の大学であるハーバード大学など、名門大学が数多くあります。

マサチューセッツ州

人口	7,029,917人（2020年）
面積	27,336 km²
州都	ボストン
主要都市	ウースター、スプリングフィールド、ケンブリッジ
主要産業	バイオテクノロジー、金融、医療、観光、高等教育、農業（タバコ、クランベリーなど）

② 江戸時代にいた日本人って誰？

A　ジョン万次郎です。

ジョン万次郎こと中浜万次郎は、土佐の漁師で14歳のときに漁に出て遭難。アメリカの捕鯨船に助けられ、その縁からマサチューセッツ州フェアヘーブンで暮らしました。アメリカでは、英語・数学・測量・航海術・造船技術などを学び、その後、日米間の通訳として活躍しました。

幕末の日米関係において重要な役割を果たした中浜万次郎。

★COLUMN★　いまも昔もスポーツ好きの州

1881年にスプリングフィールドでバスケットボール、1895年にホリヨークでバレーボールと、現代でも楽しまれている競技の発祥の地としても知られ、MLB（野球）、NBA（バスケットボール）、NHL（アイスホッケー）、NFL（アメリカンフットボール）のアメリカ4大スポーツチームを有しています。

ボストン・レッドソックスの本拠地フェンウェイ・パークは、現存するMLB専用の球場として最も古く、国定歴史建造物に指定されています。

ロードアイランド州

人口	1,097,379人 （2020年）
面積	4,002 km²
州都	プロビデンス
主要都市	クランストン、ウォリック、ポータケット
主要産業	医療、観光、製造（宝石、電気機器など）、農業（苗木、卵など）

信仰と自由を求めて開拓された、アメリカで面積最小の州。

ロードアイランド州東部はナラガンセット湾が陸地の深くまで入り組み、
その美しい風景により「海洋の州」と呼ばれます。
この州にできたアメリカ初の紡績工場は、
世界経済を席巻するアメリカンエコノミーの原点です。

ロードアイランド州の面積って、どれくらい？

A 滋賀県と同じくらいです。

4002km²で、滋賀県と同じくらいです。しかも、湾が大きく切り込んでいるため、陸地は2707km²しかありません。
州都は港湾と学術都市として発展したプロビデンスで、州全土が1つの都市圏だけなのは、この州だけです。

②　信仰と自由を求めて 開拓されたって、 どういうこと？

A　州都の名前にも 込められています。

ロードアイランドを開拓したのはイギリス人聖職者のロジャー・ウィリアムズ。ネイティヴ・アメリカンを公平に扱うように進言し続けました。彼の同志 12 名によって築かれた開拓地は、「プロビデンス（神の摂理）」と名付けられ、これが州都名になりました。

ナラガンセット湾の周辺は避暑地として有名で、夏季の人口は2倍以上になると言われています。

マーク トウェイン ハウス ミュージアム

『トム・ソーヤの冒険』『ハックルベリー・フィン』などで知られる文豪マーク・トウェインが暮らしたコネティカット州ハートフォードの邸宅が現在、博物館として機能しています。また、『アンクル・トムの小屋』を著し、奴隷解放運動を支えたストウ夫人も同州リッチフィールドの出身です。（ハートフォード）

コネティカット州

人口	3,605,944人（2020年）
面積	14,357 km²
州都	ハートフォード
主要都市	ブリッジポート、スタンフォード、ニューヘイブン
主要産業	製造（輸送機器、兵器など）、航空、機械、金属、保険、観光、農業（苗、卵など）

基本的議事規則を独自でつくり、「憲法の州」とも呼ばれます。

コネティカット州には、たぐいまれな独立心が建国時から息づき、
自衛のための武器製造は、「アメリカの武器庫」と言われるまでの産業に成長しました。
力のみならず、法でも身を守るということで、
州最大の町、ハートフォードでは保険業も発達しました。

① 「憲法の州」と呼ばれるのはなぜ？

A アメリカで初めて州憲法を制定したからです。

イギリスの植民地時代に、世界初の憲法と言われる「基本的議事規則」（1636年制定）が起草され、採択されたことにちなんでいます。最初に独立した13州の合衆国憲法制定でも、ヴァージニア案とニュージャージー案が対立しましたが、コネティカットの妥協案が採択されました。

ハートフォードのランドマーク、州議事堂のドームには金箔が貼られていて、ドーム周囲には、農業・商業・教育・音楽・科学・軍事を象徴する12体の像が並んでいます。

② ハートフォードで保険業が盛んなのはなぜ？

A 保険会社の税金が安いからです。

保険業は州の法律で保護されていて、法人税が数パーセント安く設定されています。自衛の意識が強いことから、ハートフォードには1800年代から保険会社ができ始め、いまでは「アメリカ保険の首都」とも呼ばれています。

★COLUMN★ 昔からの銃づくりから発展した産業とは？

コネティカット州では古くから、大砲、ピストル、ライフルなどの銃器の生産が盛んでした。リボルバー式の拳銃は、この州出身のサミュエル・コルトが開発したことで知られています。現代でも戦闘機の部品製造などを行う軍事産業が栄えています。

ジョージ・ワシントン橋

ニュージャージー州のフォートリー
とニューヨークのマンハッタンを
繋ぐ全長1450mの吊り橋。ハ
ドソン川に架かるこの橋は1日の
車両交通量が世界一多い橋と
言われ、ベッドタウンとしての
ニュージャージー州の役割を支え
ています。

ニュージャージー州

人口	9,288,994人 （2020年）
面積	22,608 km²
州都	トレントン
主要都市	ニューアーク、ジャージーシティ、パターソン
主要産業	薬品、金融、化学、通信、食品加工、電機、印刷出版、観光、農業（ブルーベリー、クランベリー、ほうれん草など）

ベースボールや大衆食堂など、庶民文化が生まれました。

工業や農業も盛んなニュージャージー州は、
ニューヨークやフィラデルフィアにヒトやモノを供給してきた歴史を持っています。
超難関校のプリンストン大学の所在地でもあり、
大統領や多くのノーベル賞受賞者を輩出しています。

① ベースボールが生まれた州って、どういうこと？

A 歴史上、最初の公式戦が州内の球場で開催されました。

1846年にホーボーケンにあるエリシアン球場で、ニッカーボッカー・クラブとニューヨーク・ナインによる歴史上初の公式戦が開催されたことが記録として残っています。当時、マンハッタンの町には適当なグラウンドがなかったため、ハドソン川を渡った隣町のホーボーケンで開催されたと言われています。

ホーボーケンのハドソン川沿岸にはフェリーと鉄道のターミナルがあり、ニューヨークへと通勤するビジネスマンの拠点となっています。ちなみに、ベースボールのルールを確立したアレクサンダー・カートライトは、お隣のニューヨーク出身です。

② アメリカの大衆食堂って？

A 「ダイナー」と呼ばれる食堂です。

ニューヨークなどの大都市が隣接していて、1870年代に荷馬車で労働者にランチを提供したことから始まり、ニュージャージー州のシンボル的な存在となりました。州内に500店舗以上あり、ベーコンや卵、ハンバーガー、パンケーキなど、アメリカの日常の味が楽しめます。

アメリカのダイナーのひとつ「パーク・ウエスト」の内観。ダイナーはニュージャージー州など、アメリカ北東部によくみられるレストランの形式です。（リトル・フォールズ）

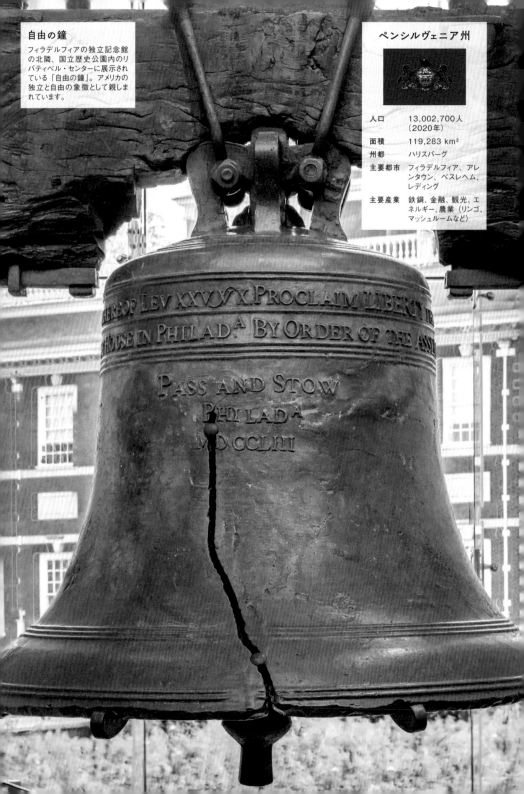

ペンシルヴェニア州

人口	13,002,700人 （2020年）
面積	119,283 km²
州都	ハリスバーグ
主要都市	フィラデルフィア、アレンタウン、ベスレヘム、レディング
主要産業	鉄鋼、金融、観光、エネルギー、農業（リンゴ、マッシュルームなど）

独立を知らせる鐘の音が、
この州に響き渡りました。

ペンシルヴェニア州は、南北戦争の激戦地だったゲティスバークの戦いあとで、
リンカーンの名演説「人民の人民による人民のための政治」が語られた州です。
自給自足の生活を送るアーミッシュの集落があり、
移民間もない時代の生活を、垣間見ることができます。

① 「自由の鐘」って、もともとどこにあったの?

A フィラデルフィアの州議事堂の尖塔です。

アメリカ独立のシンボルとして知られる「自由の鐘」は、議会の召集や選挙の投票の呼び掛けのほか、市民の冠婚葬祭で鳴らされ、1776年7月4日、アメリカの独立宣言が市民に知らされたときにも打ち鳴らされました。現在、鐘はリバティベル・センターに展示されており、年間600万人もの人々が訪れます。

② アメリカ独立との関係をもっと教えて!

A 「要石の州」とも呼ばれます。

1783年にイギリスから独立した13の植民地の中心部に位置し、要石がアーチを結合するように、各州の代表者がペンシルヴェニアに集まったことから、こう呼ばれています。アメリカの独立宣言やアメリカ合衆国憲法は、ペンシルヴェニアで起草されました。

電気を極力使わない生活を送るアーミッシュの集落では、いまでも馬車が重要な移動手段です。農作業も農耕馬を使って行われています。

★COLUMN★ 映画『ロッキー』の名場面ロケ地

フィラデルフィア美術館の正面玄関階段は、主人公のボクサーがロードワークで駆け上がる場面で使用され、通称「ロッキー・ステップ」と呼ばれています。イタリア系移民の労働者が多いこの地域で、このサクセスストーリーは多くの共感を呼びました。

フィラデルフィア美術館前の階段は、「エイドリア～ン!」と両手を挙げる撮影スポットとして、観光客の人気を集めています。

第二次世界大戦の終結直後に発足したユネスコ(国際連合教育科学文化機関)が打ち出した、「戦争時に文化財を破壊せずに保護すべき」という条約は、その後の世界遺産の成立につながりました。2023年現在、アメリカには、自然遺産が12件、自由の女神などの文化遺産が11件、文化と自然を備えた複合遺産が1件の合計24件が登録されています。

レッドウッド国立・州立公園
(1980年に世界自然遺産に登録)

北アメリカの温帯雨林の一部にしか自生しないレッドウッドとは、巨大なセコイア(スギ)のことです。樹齢は平均500年、高さは100m以上にもなります。

タオス・プエブロ
(1992年に世界文化遺産に登録)

ニューメキシコ州サンタフェにある現在でもおよそ150人のネイティヴ・アメリカンが暮らす集落。建物は、西暦1000年から1450年ごろの間に建設されたと言われる日干しレンガでつくられた「アドビ」と呼ばれる住居です。

パパハナウモクアケア
（2010年に
世界複合遺産に登録）

北西ハワイ諸島一帯を含む、関係者しか立ち入りできない世界最大の海洋保護区です。ハワイ固有の絶滅危惧種のアザラシやウミガメの保全のほか、ハワイの先住民が自然と共生して暮らしてきた歴史がうかがえる文化的遺跡も保全対象に含まれ、アメリカでは唯一の複合遺産です。

フランク・ロイド・ライト
の20世紀建築作品群
（2019年に
世界文化遺産に登録）

近代建築の巨匠ライトが設計し、文化遺産に登録された8件の建物は、6つの州に点在しています。ニューヨーク州にある独創的な外観を持つ「ソロモン・R・グッゲンハイム美術館」もそのひとつです。

デラウェア記念橋

ニュージャージー州との間を結ぶ全長約3.3㎞の吊り橋。両州の連絡橋として日に10万台もの車が行き来しています。

租税回避地として知られ、
「最初の州」とも呼ばれています。

ナイロン素材の開発で財閥を築いたデュポン社のお膝元で、
そのレガシーから、企業を手厚く保護する仕組みが確立しました。
消費税がなく、タックスヘイブン（租税回避地）としても知られ、
多くのビジネスマンがデラウェア州で会社を設立しています。

① 「最初の州」と呼ばれるのはなぜ？

A アメリカ合衆国憲法を最初に批准したからです。

イギリスから最初に独立した13州のうちのひとつで、合衆国憲法を最初に批准した州でもあります。いまでも大統領の就任式では、デラウェア州の代表が最前列につくという伝統が続いています。

② 多くのビジネスマンが、会社を設立しているのはなぜ？

A 会社専門の裁判所があることも理由のひとつです。

企業関係の紛争を処理する「衡平法裁判所」があり、ビジネス関連の判例が豊富で、裁判が速く処理されることでも知られています。専門性の高い裁判官による判断が得られることが世界に評価され、会社の設立地として選ばれています。

ウィルミントンの町にある「ハグリー博物館・図書館」は、邸宅、庭園、機械工場跡などからなるデュポン家の最初の家で、235エーカー（0.95㎢）もの広大な敷地にあります。黒色火薬の製造過程などを博物館で知ることができます。

ワシントンD.C.

人口	705,749人 （2019年）
面積	177.0 km²
主要産業	サービス、金融、観光

ワシントン記念塔

ワシントンのシンボルとしてそびえるリンカーン記念堂前のワシントン記念塔。高さ169mというワシントンで最も高い建造物であり、初代大統領ジョージ・ワシントンの功績を讃えて建設されました。

ホワイトハウスもある、
どの州にも属さない政治の中枢。

人口5000人にも満たない小さな町が、都市計画に基づいて造成され、
議会議事堂や連邦最高裁判所がある「政治の中枢」へと変貌しました。
ワシントンD.C.がどの州にも属さない特別区なのは、
個性的な州が集まった合衆国の中で、政治の中立を保つためとされています。

① ワシントンD.C.の「D.C.」って、どういう意味?

A 「コロンビア特別区(District of Columbia)」です。

ワシントンD.C.は、メリーランド州とヴァージニア州の間に計画都市として建設された連邦政府直轄の特別区です。
D.C.はコロンビア特別区を意味し、太平洋に面したワシントン州と区別して「D.C.」と呼ばれます。

② 大統領官邸は、なぜ白いの?

A 煤で汚れた外壁を、白く塗ったことがはじまりです。

独立戦争のときに大統領官邸は焼き討ちされてしまい、外壁
を残して焼失します。 当時のアメリカ政府は財政難で、焼け
跡を安価に直すため、白色のペンキで塗りました。「ホワイトハ
ウス」と呼ばれるようになったのは、そのためです。

ホワイトハウス(中央下)の庭園を挟んだ右隣には、国務省・陸
軍省・海軍省の合同庁舎として1888年に建設された「アイゼン
ハワー行政府ビル」があり、背後にはワシントン記念塔がそびえて
います。

ホワイトハウスの前にある銅像は、第7代アメリカ合
衆国大統領アンドリュー・ジャクソンの騎馬像で、軍
人でもあったジャクソンの米英戦争のときの姿がモデ
ルになっています。

ボルティモアの戦い

イギリス軍の包囲を受けたボルティモアのマクヘンリー要塞が、イギリス軍の猛攻に耐える様子が描かれています。この猛攻を凌ぎ切り撤退させたことが、米英戦争を終結に向かわせる転機となりました。
（写真：GRANGER.COM／アフロ）

Q アメリカの国歌に歌われる
『星条旗』は、どこに
掲げられていたもの？

メリーランド州

人口	6,177,224人 （2020年）
面積	32,133 km²
州都	アナポリス
主要都市	ボルティモア、フレデ リック、ロックビル
主要産業	サービス、食品加工、 製造、建築、航空宇 宙、農業（乳製品、キュ ウリ、スイカなど）

A 独立戦争のときに、ボルティモア要塞に掲げられていたものです。

1812年に勃発した米英戦争（第二次独立戦争）における史実が、国歌のアイデアの元になっています。イギリス海軍の25時間にわたる艦砲射撃に耐え抜き、砦に星条旗が翻っていた光景を、弁護士のフランシス・スコット・キーが国歌として作詞しました。

国歌『星条旗』が生まれた、
マイノリティにも寛容な自由の州。

ワシントンD.C.と隣接し、大統領の別荘「キャンプ・デービット」も存在します。
天然の良港を持つ州最大の都市ボルティモアは、東海岸を代表する大都市です。
耕作地も広がり、海に接していて、多様な地形を持つことから、
メリーランド州は「アメリカのミニチュア」とも呼ばれています。

Q 「キャンプ・デービット」では、
何が行われるの?

A 外国要人をもてなしたり、会談の会場になります。

正式名称は「サーモント海軍支援施設」といい、ルーズベルト大統領は避難所としてこの施設を「シャングリラ（理想郷）」と呼びました。しかし、名前が華やかすぎるということで、アイゼンハワー大統領が父親と孫の名前に敬意を表して、現在の名称になりました。

ワシントンD.C.から約100km離れたキャトクティン山岳公園にキャンプ・デービットはありますが、正式な場所は公表されていません。

② ボルティモアの名前の由来は？

A 植民地をつくった
アイルランドの貴族の名です。

全米でも珍しくカトリック教徒が多いのは、ボルティモア卿がカトリックだったことも一因とされています。アメリカのキリスト教では少数派だったため、ネイティヴ・アメリカンや黒人奴隷への対応も寛容で、独立戦争時には農園主の多くが奴隷を解放しています。

実はボルティモアにもワシントンD.C.よりも70年近く前に完成したワシントン記念塔がそびえています。塔内部の227段のらせん階段を上ると、最上階の展望エリアに到達します。

③ 「アメリカのミニチュア」と呼ばれるのはなぜ？

A アメリカの多彩な地形が詰まっているからです。

東部には砂丘地帯が点在し、チェサピーク湾には低湿地、ピードモント台地にはオーク林がある丘陵、西部には山岳地帯など、さまざまな地形があることから、そう呼ばれるようになりました。

チェサピーク湾にあるアナポリスの町は、海軍兵学校があることでも有名です。湿地で採れるカニにパン粉を付けて揚げた「クラブ・ケーキ」が地元の味として親しまれています。

モンティチェロ

邸宅とプランテーションがあった場所から「モンティチェロ」と呼ばれるジェファーソン邸。建物は主にトマス・ジェファーソン自身がデザインし、その後の再設計や増築を経て完成しました。（シャーロッツビル）

ヴァージニア州

人口	8,631,393人 （2020年）
面積	110,786 km²
州都	リッチモンド
主要都市	ヴァージニアビーチ、チェサピーク、ノーフォーク
主要産業	サービス、農業（タバコ、大豆、トマト、ピーナッツなど）

イギリス植民地はじまりの地は、「大統領の母」とも呼ばれます。

南北戦争の南軍の首都だったリッチモンドには、
北軍のリンカーンも司令官を依頼したリー将軍の銅像が鎮座しています。
軍港ノーフォークを擁しており、
日本の歴史とも意外な接点がある州です。

① 「大統領の母」と呼ばれるのはなぜ？

A 州から多くの大統領を輩出したからです。

アメリカ独立戦争や南北戦争の激戦地となった地域で、アメリカ建国期には初代大統領のジョージ・ワシントンを
はじめ、8人の大統領を輩出しています。この州にある第3代大統領トマス・ジェファーソンの邸宅と農場跡は、
世界遺産に登録されています。

② 日本の歴史との意外な接点って？

A ペリー率いる黒船の出発地でした。

ペリーの生まれ故郷でもあり、州第2の都市ノーフォークには天然の良港があります。現在もアメリカ艦隊総軍、
アメリカ海兵隊総軍、北大西洋条約機構（NATO）の連合軍が司令部を置く世界最大の海軍基地で、軍艦を
建造する造船業が盛んなことでも有名です。

★COLUMN★ アメリカ国防総省本部庁舎の五角形

五角形を意味する「ペンタゴン」が
愛称になるほど特徴的な国防総省本部
庁舎の建物は、用地候補だった農業試
験場の地形がいびつな五角形をしてい
たため五角形に計画されました。景観
の問題で別の用地へ移転することにな
りましたが、太平洋戦争時だったため、
元の設計のまま建設されました。

約2万3000人が庁舎で働き、建
物の構造上いちばん遠いところでも、
約7分で到達できるとされています。

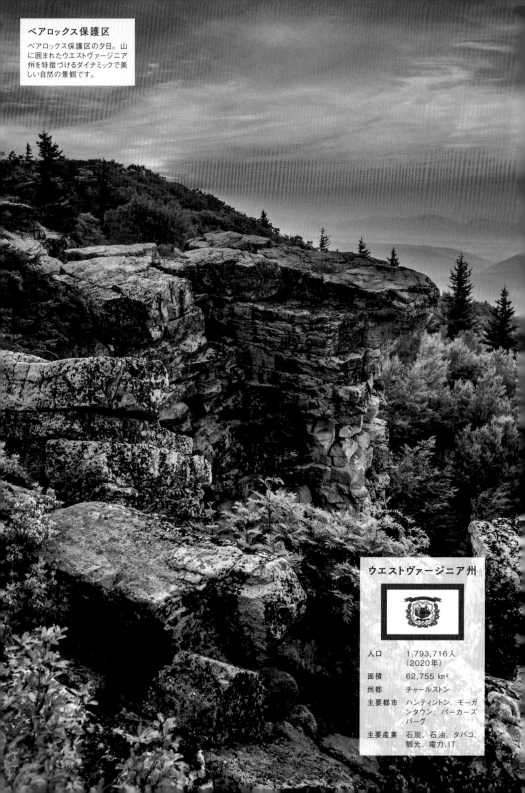

ベアロックス保護区

ベアロックス保護区の夕日。山に囲まれたウエストヴァージニア州を特徴づけるダイナミックで美しい自然の景観です。

ウエストヴァージニア州

人口	1,793,716人（2020年）
面積	62,755 km²
州都	チャールストン
主要都市	ハンティントン、モーガンタウン、パーカーズバーグ
主要産業	石炭、石油、タバコ、観光、電力、IT

奴隷制に反対して、
ヴァージニアから独立しました。

アパラチア山脈にすっぽりと抱かれた州です。
1900年代は、山からの石炭や木材などの産地として知られました。
近年では、「最貧」の州と言われることがありましたが、
山の民の粘り強さで、観光やIT産業に力を入れています。

① ウエストヴァージニア州があるのに、
イーストヴァージニア州がないのはなぜ？

A ヴァージニア州から西部だけが分離したからです。

南北戦争以前、ウエストヴァージニア州の一帯は奴隷制に反対していた地域でした。アパラチア山脈に囲まれたこの地域は大規模農業が難しく、奴隷制度にも疑問視する意見が多かった背景があり、南北戦争前に東西地域の対立が激化すると、西部が分離して合衆国に加盟することになりました。

② ウエストヴァージニア州の愛称を教えて！

A 「山の州（Mountain State）」です。

アパラチア山脈には、石炭、石灰、岩塩などの鉱物が豊富にあり、エネルギー産業や製造業などで発展しました。自然を活かしたアクティビティも盛ん。この州にあるオークハースト・リンクスはアメリカで初めて設立されたゴルフクラブです。

ウエストヴァージニア州を流れるニュー川には渓谷国立河川公園があります。渓谷橋が架けられていて、絶景が広がっています。ニュー川では、観光業の目玉としてラフティングが非常に盛んです。

★COLUMN★ アメリカの雄大な自然が味わえる鉄道

ウエストヴァージニア州に広がる雄大な自然を楽しむには、キャースシーニック鉄道がおすすめ。州東部にあるキャースの町は林業で栄え、森林鉄道の起点となっていました。そんな開拓時代の雰囲気が味わえる蒸気機関車が4機動態保存されていて、現在も観光客を楽しませてくれています。

サバンナの街並み

ジョージア州の古都サバンナ最大のスクエア「フォーサイスパーク」。樫の木から垂れ下がるスパニッシュ・モスというツタの一種がジャングルのような景観を見せます。南北戦争の際には北軍も町の美しさを見て破壊をためらい、古い街並みが残されました。

Q

南北戦争で
最も被害を
受けた州は
どこ？

A

ジョージア州です。

奴隷制度を敷く南部連合「アメリカ連合国」の中心として戦争を戦い、北軍のシャーマン将軍による焦土作戦を受けました。こうした歴史によりジョージア州は経済発展に後れをとりました。

ジョージア州

人口	10,711,908人（2020年）
面積	153,909 km²
州都	アトランタ
主要都市	コロンバス、オーガスタ、メイコン
主要産業	農業（ピーナッツ、トウモロコシ、モモなど）、鉱業、製造、運輸、観光

歴史あるゴルフの祭典が開かれる、南部の文化・経済の中心。

公民権運動の中心だったキング牧師の生まれ故郷でもあり、
アフリカ系の黒人が多く暮らすブラックカルチャーの発信地です。
アトランタ国際空港は年間の発着回数が77.5万回（2023年）を誇り、
「世界一忙しい空港」とも言われています。

① アトランタ国際空港が世界一忙しいと言われるのはなぜ？

A 世界最大の航空会社「デルタ航空」の本拠地だからです。

アトランタに本社を置き、アメリカのエアラインの中でもっとも歴史がある航空会社です。アメリカの重要な移動手段として、1日に約4900便を超える便を運航しています。6大陸すべてに就航する世界でも数少ない航空会社です。

ハーツフィールド・ジャクソン・アトランタ国際空港の地面積は1902haを誇り、搭乗口は合計195。アメリカ最大の空港です。

②Q なぜアフリカ系黒人が多く住んでいるの?

A 農地で多くの人手が必要だったからです。

州人口に占める黒人は30%で、その割合は全米一です。人口の半数以上を黒人が占める町もあります。農地での奴隷としてアフリカから連れてこられたルーツを持つ人も多くいます。ソウルミュージックなど、黒人文化とアメリカが融合したカルチャーが生まれた地域でもあります。

③Q アトランタ夏季五輪のスタジアムは、どうなったの?

A 大学のアメフトのスタジアムに改修されました。

1996年に行われたオリンピック大会の後、カレッジ全米王者を何度も奪取したジョージア州立大学ブルドックスの本拠地になっています。アメリカの大学スポーツは、プロチームのように運営され、とても人気があり、特にアメリカンフットボールの強豪校には全米から注目が集まります。

大学のキャンパス内にあるサンフォード・スタジアムでは、アメフトの試合のみならず大学の卒業式も開かれます。

★COLUMN★ 缶コーヒーの「ジョージア」

世界的な飲料メーカーであるコカ・コーラの本社は、アトランタに置かれています。缶コーヒーのCMには、州出身のミュージシャン、レイ・チャールズが制作したジョージアの州歌『我が心のジョージア』が流れています。

ジョージア州アトランタの
世界コカ・コーラ博物館。

**ケンタッキーダービー
博物館**

アメリカの三大ダービーのひとつ
ケンタッキーダービーに特化した
博物館。ケンタッキーダービーは、
1875年からルイビルのチャーチ
ルダウンズ競馬場で開催されて
いる最も古いスポーツイベントの
ひとつです。

ケンタッキー州

人口	4,505,836人 （2020年）
面積	104,659 km²
州都	フランクフォート
主要都市	ルイビル、レキシントン、 ボーリンググリーン
主要産業	農業（トウモロコシな ど）、畜産（馬、山羊）、 石炭、製造（自動車 など）

アメリカンドリームを産み出した、バーボンウイスキー発祥の地。

全米屈指の馬の産地で、毎年行われるケンタッキーダービーは、
アメリカで最も人気のある競馬レースです。
大自然も見どころが多く、マンモスケイブ国立公園にある全長650kmに達するとされる洞窟は、
鍾乳石や石筍が広がり世界最長とされています。

Q1 ケンタッキーフライドチキンとも関係があるの？

A 第1号店がノースコービンあります。

ケンタッキー州出身のカーネル・サンダースは、まさにアメリカンドリームを体現した人物です。40種に上る職を転々とした青年期を経て、40歳から始めたガソリンスタンドにカフェを併設するアイデアが的中。これが後のケンタッキーフライドチキンの原型になりました。

Q2 バーボンウイスキーが、この州で生まれたのはなぜ？

A 麦やトウモロコシがよく取れるからです。

全米のバーボンウイスキーの9割がケンタッキー州で生産されています。地元のアルカリ性の硬水が、独特な風味を生み出します。建国間もない頃、蒸留所に課せられる税から逃れるため、生産者が当時アメリカに属していなかったケンタッキーなどに拠点を移したことも一因となっています。

バーボンウイスキーは、トウモロコシ・ライ麦・小麦・大麦などを原料とした蒸留酒を、内側を焼き焦がしたホワイトオーク製の樽に詰め、長時間の熟成を行ってつくります。

ケイズコーブ

グレートスモーキー山脈国立公園の中央に位置する広大な渓谷「ケイズコーブ」。入植者たちが奏でたカントリー・ミュージックが聞こえてきそうな壮大な景観が広がり、野生動物に出会うこともできます。

テネシー州

人口	6,910,840人 (2020年)
面積	109,247 km²
州都	ナッシュビル
主要都市	メンフィス、ノックスビル、チャタヌーガ
主要産業	繊維、製造（精密機器）、農業（大豆、綿花など）、電力、サービス

テネシー州には、「州の歌」が10曲もあります。

南北戦争の戦後、北軍からの深い傷を負ったテネシー州は、
復興が長期にわたって進みませんでしたが、
世界大恐慌のときにテムズ川のダム開発が行われ、
ニューディール政策のシンボルとなりました。

① 世界大恐慌のときに行われた ダム開発について教えて！

A テネシー川に約50のダムをつくりました。

世界大恐慌の緊急経済対策として、全米で公共工事を行った「ニューディール政策」の柱として、TVA（テネシー川流域開発公社）が発足し、約50のダムが建設されました。これを起点に、南北戦争後に停滞していた都市化と工業化が進みました。

② 州の歌が10曲もあるのはなぜ？

A さまざまな音楽が生まれた町だからです。

州都ナッシュビルには、カントリー・ミュージックを始めとするアメリカ音楽の聖地「ミュージック・シティ」があります。また、州第二の都市メンフィスは、「ブルースの本拠地（Home of the Blues）」や「ロックンロールの発祥地（Birthplace of Rock'n Roll）」と呼ばれています。

ナッシュビルのダウンタウンには、ライブハウスやカントリーを演奏するバー「ホンキートンク」が軒を並べます。

ノースカロライナ州

人口	10,439,388人 （2020年）
面積	139,390km²
州都	ローリー
主要都市	シャーロット、グリーン ズボロ、ダーラム、ウィ ンストン・セーラム
主要産業	金融、農業（卵、タ バコ、苗床など）、家具、 繊維、医療

ノースカロライナ州の空を、
人類が初めて飛びました。

シャーロットはニューヨークに次ぐ金融都市で、
株式時価総額が全米一の銀行の本拠地があります。
デューク大学やノースカロライナ大学など、優秀な大学があり、
産学連携が盛んなことでも知られています。

① 同じカロライナでも北部(ノース)にはどんな特徴があるの?

A 移民の多くがイギリス人でした。

1710年、領地再編の論争を治めるため、カロライナはふたつに分離しました。ノースカロライナ東部は「ローカントリー」と呼ばれイギリス移民が多く、西部は「アップランド」と呼ばれドイツやスコットランド系の移民が住んでいます。

② シャーロットが、全米第二の金融都市になったのはなぜ?

A 優れたビジネス環境を提供しているからです。

アメリカを代表する大手銀行、バンク・オブ・アメリカの本店があり、ニューヨーク州に次ぐ2番目に大きい金融センターがあります。全米自動車競争協会の本部があり、レーシングチームのファクトリーがあることから、数多くのレースカーが展示されている町でもあります。

シャーロットの中心部で目につくひときわ高い高層ビルが、バンク・オブ・アメリカの本社です。

★COLUMN★ 飛行機発祥の地「アウターバンクス」

アウターバンクスは砂地でできた砂州。風の強さを調査し、砂なら墜落しても大けがしないだろうということで、ノースカロライナ州出身のライト兄弟が、1903年に人類初の動力飛行に成功した場所です。その偉業は州の誇りとなっています。

ライト兄弟はアウターバンクスで、グライダーでの飛行実験を3度行い、有人飛行の前に綿密な準備をしていました。

サウスカロライナ州

人口	5,118,425人 （2020年）
面積	82,931 km²
州都	コロンビア
主要都市	チャールストン、ノースチャールストン、マウントプレザント
主要産業	製造（自動車、機械、化学製品、繊維製品など）、観光、農業（タバコ、牛、大豆、干し草など）

チャールストン

古い建物が立ち並ぶチャールストン。

プランテーションで栄華を極めた、古き良きアメリカの街が残ります。

サウスカロライナ州は、大農主たちのイギリス文化が花開き、
アメリカで初めてゴルフがプレーされた地でもあります。
チャールストンの街にはアメリカの古い街並みが残り、
国内外問わず人気のある観光地として知られています。

① サウスカロライナ州では、どんな作物が栽培されていたの?

A プランテーションによる、米やインディゴです。

プランテーションとは、輸出品として価値の高い作物を持ち込んで広大な農地で単一で育てる農業です。大西洋に面した海岸沿いの沼地を、アフリカから連れられてきた黒人奴隷が耕作しました。農園主だったイギリス移民の文化の影響もあり、アメリカ唯一の茶畑もあります。

ドレイトン・ホールは、チャールストンの名高いプランテーションを作り上げたドレイントン家の邸宅です。(チャールストン)

② 南北戦争のときは、どちらの陣営だったの?

A 南軍の本拠地で、最初の戦闘が行われました。

南北戦争で南軍の中心地だったこの州では、大規模な戦闘が行われました。敗北後は10万人の北軍によって、コロンビアを中心に鉄道・農地・工場・橋などが破壊されました。

★COLUMN★ **資金難が転じて観光名所となったチャールストン**

チャールストンは、南北戦争以前、貿易の拠点として栄華を極めました。チャールストン港にあるサムター要塞は、1861年に南北戦争の発端となる戦いが始まった場所と言われています。戦後、資金難に見舞われたことで家屋が老朽化しても建て替えられなかったため、街中には築100年の当時の豪邸が立ち並び、教会や石畳などが残っています。これが転じて古き良きアメリカの景観が残され、年間700万人が訪れる人気観光地となりました。

フロリダ州

人口	21,538,187人（2020年）
面積	170,305 km²
州都	タラハシー
主要都市	ジャクソンビル、マイアミ、タンパ、オーランド
主要産業	製造、観光、不動産、建設、農業（オレンジ、サトウキビなど）、漁業

Q フロリダで、
最も重要な産業は何？

マイアミ現代美術館
マイアミのノースイースト41stストリートに面したマイアミ現代美術館。幾何学的なデザインが施された外壁が特徴的なこの建物は、Aranguren&Gallegosの建築家によって設計されました。
（写真：ONLY FRANCE／アフロ）

A 建設業です。

ディズニー・リゾートやケネディ宇宙センターの存在から、観光業や宇宙産業のイメージが強いフロリダですが、ハリケーンの被害が多いこと、また快適な住環境のために移住者が多いことから、住宅・建設業が重要産業となっています。

観光業が盛んなこの州の愛称は、「サンシャイン・ステート」。

文豪ヘミングウェイが居を構えたキーウエスト島や
富裕層が集まる世界屈指の避暑地であるパームビーチを擁するフロリダ州。
ケネディ宇宙センターがあるのも、この州です。
もともとはスペインの支配下で、南米系の人が多く住む地域でもあります。

Q 「サンシャイン・ステート（日光の州）」の
愛称の由来を教えて！

A 一年中温暖な気候であることからそう呼ばれます。

1900年代初期、実業家が鉄道を引いたことで、その気候の良さから観光業が隆盛します。数百マイルにも及ぶビーチには毎年6000万人以上が訪れ、ウォルト・ディズニー・ワールド・リゾートなどの観光業が州経済を牽引しています。

パームビーチ郡にある高級ウォーターフロント住宅は、その環境の良さからコロナ禍にはニューヨークなど都市部の富裕層に人気がありました。

② どんな農産物が栽培されているの?

A 柑橘類(シトラス)です。

全米の約7割を生産しています。日照時間が長く、東は大西洋、西はメキシコ湾に面し、温暖で乾燥した南米のような気候が、柑橘類の栽培に適しているのです。

一面に広がるオレンジの木。収穫された果実は、ほとんどがオレンジジュースに加工されます。

③ ケネディ宇宙センターって、どんな施設?

A アメリカ初の有人宇宙飛行を実現した基地です。

ケネディ宇宙センターは、ジョン・F・ケネディ大統領が掲げた「1960年代に月への有人飛行を実現する」とした目標にあわせて発達しました。人類初の月への有人宇宙飛行計画「アポロ計画」や、スペースシャトルの発射基地として運用されていました。

宇宙に到達した最初のスペースシャトル「コロンビア号」は、この基地から発射されました。

★COLUMN★ 「世界のクルーズの首都」マイアミ

州第2の都市マイアミは、世界中から年間500万人の旅客が、カリブ海に浮かぶ島々などへ向かうクルーズ船の出発港となっています。キューバ革命以前は、リゾート地としてキューバが人気でしたが、断交してからはカリブ海諸国やメキシコが観光客を積極的に誘致し、アメリカ船社がカリブ海周遊クルーズを開始して人気を博しました。

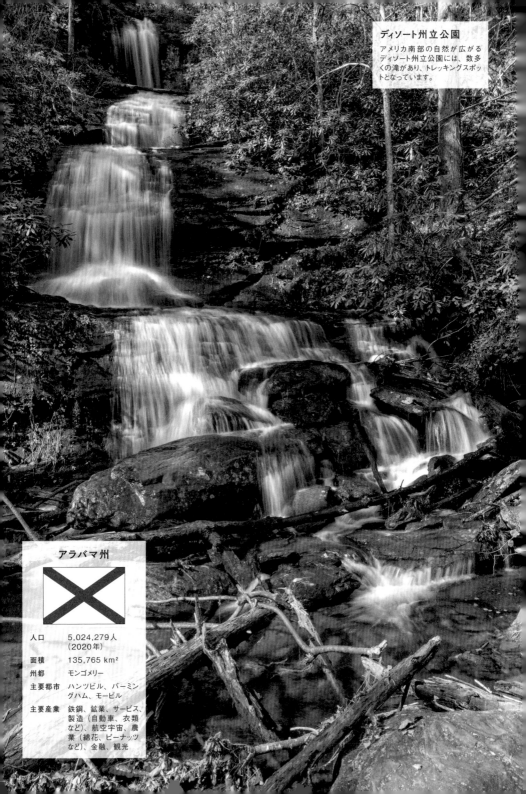

ディソート州立公園

アメリカ南部の自然が広がる
ディソート州立公園には、数多
くの滝があり、トレッキングスポッ
トとなっています。

アラバマ州

人口	5,024,279人 (2020年)
面積	135,765 km²
州都	モンゴメリー
主要都市	ハンツビル、バーミングハム、モービル
主要産業	鉄鋼、鉱業、サービス、製造（自動車、衣類など）、航空宇宙、農業（綿花、ピーナッツなど）、金融、観光

黒人公民権運動の熱を、
全米に発信したアラバマ州。

南部の人たちの暖かさを象徴する州でありながら、
黒人奴隷を使役した苦い歴史も持ち合わせています。
障がい者権利の女性活動家ヘレン・ケラーもこの州出身で、
生家では実際の点字書籍を見ることができます。

① アラバマ州にも愛称はあるの？

A 「ハート・オブ・ディキシー」と呼ばれます。

南北戦争時に軍で歌われた歌詞がそのルーツとされ、アメリカ南部諸州の愛称「ディキシー」の「心臓・中心（ハート）」を意味しています。州都モンゴメリーは、南北戦争の一時、アメリカ連合国の首都が置かれ、その都市名は南軍の名将軍の名前が由来です。

南部連合の首都だったモンゴメリーにある、ジェファーソン・デイビス大統領の大統領官邸は、「最初のホワイトハウス」として知られています。

② 南部の人たちの暖かさについて、教えて！

A 気さくな南部のおもてなしのことを、「サザン・ホスピタリティ」と呼んでいます。

見知らぬ人でも笑顔で話しかけてくれたり、お茶などに誘ってくれたりすることもあります。アメリカ北部の人（ヤンキー）に対抗した、南部の州の誇りを示している部分もあると言われます。

ブルースが生まれたこの州では、ふたつの大河で富を運びます。

いまも昔もミシシッピ川とミズーリ川の流れは重要な物流ルート。
20世紀初めまでの水運の中心を担った蒸気船が往時を再現します。
ゆったりと流れるミシシッピ川のデルタ地帯は、ナマズの養殖が盛んで全米一の規模。
泥臭さのない白身のナマズのフライが名物料理です。

Q 綿花の栽培が盛んなのはなぜ？

A ミシシッピ川が運んだ肥沃な黒土があるからです。

この地域を指す「ブラックベルト」は、もともとはプレーリー（草原・低灌木地帯）や黒土からなる肥沃な土地のことを指していましたが、綿花の大規模農園として重要な地域になると、綿花やタバコなどのプランテーション農業地域やアフリカ系アメリカ人の居住地域を示す言葉になりました。

ミシシッピ州	
人口	2,961,279人 （2020年）
面積	125,443 km²
州都	ジャクソン
主要都市	ガルフポート、サウス ヘイブン、ビロクシ
主要産業	農業（綿花など）、製 造（自動車など）、観光

② ミシシッピ州で生まれたブルースのルーツを教えて！

A 綿花栽培の過酷な労働への「グチ」から生まれました。

ブルースの起源は、農場の労働力である黒人によってつくられた労働歌と、ヨーロッパから入植してきた白人たちが持ってきた物語や寓意のある歌（バラッド）が融合してできたものと言われています。また、神に対しての現状の救済や感謝がゴスペルに発展しました。

良くも悪くも現代アメリカの基礎を創ったリーダー

州都ジャクソンの名前の由来となったのが、アメリカ合衆国の第7代の大統領、アンドリュー・ジャクソン。米英戦争の司令官として活躍し、1829年に大統領に就任しました。白人男性普通選挙制度や公立学校の普及などを進め、「ジャクソニアン＝デモクラシー」と言われる民主主義を定着させました。その反面、インディアンに対する苛酷な排除を行って保守的な一面も見せています。

合衆国第7代大統領アンドリュー・ジャクソン。

ペティー・ジーン
州立公園
コンウェイ郡にある3,471エー
カーの州立公園の夕暮れ。

アーカンソー州

人口	3,011,524人 (2020年)
面積	137,733 km²
州都	リトルロック
主要都市	フェイエットビル、フォートスミス、スプリングデール
主要産業	航空宇宙、観光、製造（加工食品、電気機器など）、農業（大豆、米など）

山、湖、温泉など、
自然にあふれています。

クリントン元大統領はアーカンソー州の出身で州知事を務めた経験を持ち、
戦後に日本を統治したマッカーサーもこの州の出身です。
世界最大のスーパーマーケットチェーン「ウォルマート」の
第一号店と本社もこの州に置かれています。

① アーカンソー州は、
どんな愛称で呼ばれているの?

A 「自然の州」を自称しています。

州内には6か所の国立森林公園、52か
所の州立公園、32か所の湖、800以上
の三日月湖があり、沼地には木材産業を
支える広大な松の密生林があり、ホット
スプリングス国立公園では温泉が楽しめま
す。平均所得が低かった同州では、観光
開発に力を入れるため、1970年代に観
光宣伝用にこの愛称を考案しました。

ホットスプリングスには、第二次世界大戦
の戦中戦後に負傷兵の病院施設が多数
設けられた歴史があります。「アメリカの温
泉街」と呼ばれる有名なリゾート地です。

② アメリカで米は栽培されていないの?

A 実はアーカンソー州が生産量トップを誇ります。

夏は高温多湿で稲作に適し、長粒種のほかにも日本で食べられている粘り気の強い短粒種も栽培されています。
乾燥法や精米技術も世界トップクラスを誇り、最近では地元の米を使った日本酒の醸造も始まっています。

★COLUMN★
ダイヤモンド・クレーター州立公園

アーカンソー州マーフリーズボロには、誰でも掘れるダイヤモンドの採掘場があります。公共の鉱山で、入
場料を払えば誰でもダイヤモンドを手掘りで採掘可能。8カラットの大粒のダイヤが出たこともあるそうです。

Q アメリカ南部の生活で
気を付けることってある？

ルイジアナ州

人口	4,657,757人 （2020年）
面積	135,382 km²
州都	バトンルージュ
主要都市	ニューオーリンズ、ラ ファイエット、シュリーブ ポート・ボージャーシティ
主要産業	観光、エネルギー、漁 業（ザリガニなど）、農 業（綿花、大豆、米 など）

A 暑くても川には
飛び込まないでください。

アメリカの危険生物というと、森林地帯のグリズリーが思い浮かびますが、
実は南部ルイジアナ州の湿地帯には2mを超えるアメリカアリゲーターが生
息してします。不用意に川に飛び込むと食べられてしまう危険性があります。

獰猛なアリゲーターも棲む、
ハリケーンの通過州。

フランス開拓民、スペイン人、ネイティヴ・アメリカン、黒人……、
この州に住む人々の多様な文化がミックスされ、独特な雰囲気が形成されました。
ニューオーリンズの街は、メキシコ湾へ注ぐミシシッピ川の河口にあるため、
通過するハリケーンによって、甚大な被害を被ることがあります。

Q ルイジアナ州の特徴を教えて！

A 道路標識が英語とフランス語で書かれています。

ルイジアナ州ではフランス語をよく耳にします。この州にはフランス系移民が多く、定住した子孫は「ケイジャン」と
呼ばれています。ほかにもネイティヴ・アメリカン、カナダ人、黒人など移民が多く、ジャズなどの音楽にも大きな影
響を与えています。

「マルディグラ」はフランス語で謝肉祭を意味し、ニューオーリンズ行われるものは、リオと並んで世界の主要カーニバルのひ
とつとされています。マルディグラ・カラーと呼ばれる紫・金・緑の3色に街が染まります。

② ルイジアナ州の名物料理を教えて！

A ザリガニが名物です。

ミシシッピ川の湿地（スワンプ）では、エビ
やカニが多くとれ、ザリガニは「クローフィッ
シュ」と呼ばれていて、旬になると専門店
が軒を並べるほどです。ボイルしたザリ
ガニに欠かせないタバスコをつくる工場
が、アメリカで唯一この州にあります。

茹でザリガニは、一緒に茹で
たトウモロコシやポテトなどと
供されることが多いです。

---

③ ハリケーンが、
よく通過するのはなぜ？

A メキシコ湾の温かい海水が一因です。

2005年の「ハリケーン・カトリーナ」はニューオーリンズをはじめ、各
地に多大な被害を与えました。もともとの海水温度の高さに加えて、
地球温暖化により、近年では勢力が拡大していると言われています。
ニューオーリンズのバーボンストリートでは、それを逆手に取ったアル
コール度数が強い「ハリケーン」という名前のお酒が人気です。

2005年8月28日に、アメリカ海
洋大気庁のハリケーンハンターか
ら撮影したカトリーナの中心。

★COLUMN★ ## 「南部ゴシック」という小説ジャンル

19世紀に登場したアメリカ南部を舞台にした読み物を「南部ゴシック」と言います。
貧困や差別などの南部の社会問題を扱いながら、犯罪やスリラーも、ホラーやファンタジー
の要素が多く取り入れられているのが特徴です。テネシー・ウィリアムズの『欲望という
名の電車』もこのジャンルの作品です。

マーロン・ブランド、ヴィヴィアン・リーの主演
によって映画化された『欲望という名の電車』。

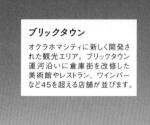

ブリックタウン

オクラホマシティに新しく開発された観光エリア。ブリックタウン運河沿いに倉庫街を改修した美術館やレストラン、ワインバーなど45を超える店舗が並びます。

オクラホマ州

OKLAHOMA

人口	3,959,353人 （2020年）
面積	181,195 km²
州都	オクラホマシティ
主要都市	タルサ、ロートン、イーニド
主要産業	航空、エネルギー、輸送機器、食品加工、畜産、農業（小麦など）

ネイティヴ・アメリカンと白人の歴史が交差する──。

オクラホマ州の愛称は、いち早く広大な西部の土地を得ようと、
開拓民たちが先を争ったことから、「早い者勝ちの州」です。
州都オクラホマシティは家畜の一大集積地として、
世界最大の牛取引所があることでも知られています。

① オクラホマって、どういう意味なの?

A ネイティヴ・アメリカンの言葉で、「赤い人」という意味です。

オクラホマ州が合衆国に加わる1907年以前は、ネイティヴ・アメリカンが多く住んでいて統治していました。しかしアメリカ加入後は、南東部のネイティヴ・アメリカンが強制的に移住させられた地域になってしまいました。このときにチェロキー族が、この州へ向かうためにたどった長い道のりは「涙の道」として知られています。

② オクラホマ州で竜巻がよく発生するのはなぜ?

A 北極からの冷たい風と、カリブ海の暖かな風がぶつかる場所だからです。

オクラホマ州で発生する竜巻の数は全米トップの発生率を誇り、オクラホマ大学でも研究されています。竜巻の中からデータを取得・分析しているトルネードチェイサーという職業も州には多く存在します。

2013年、ムーア市を襲った竜巻は直径約800m、最大風速90m近くにまで達し、街を瓦礫の山へと変えました。

★COLUMN★ **愛称は「早い者勝ちの州」**

開拓時代にネイティヴ・アメリカンを退去させた80000㎢もの広大な土地を、移民白人たちが時間内に土地所有の宣言をすれば自分の土地になるとする法律をつくりました。すると、この法律が有効になる前に抜け駆けして自身の土地として確保するする人が続出。そうした人を「sooner(抜け駆けした人)」と揶揄し、それが州の愛称になりました。

Q これから大きな成長が
見込まれる州は？

テキサス州

人口　　29,145,505人
　　　　（2020年）
面積　　696,241 km²
州都　　オースティン
主要都市　ヒューストン、サンアン
　　　　トニオ、ダラス
主要産業　エネルギー、石油化
　　　　学、ハイテク、農業（綿
　　　　花、山羊など）、鉱業

A テキサス州でしょう。

油田が発見され、エネルギー産業が経済をけん引。ヒューストンでは宇宙産業のほか、電子機器産業やIT産業が発展。2017年にはアメリカ・トヨタが本社をダラス近郊へ移しました。企業誘致も盛んで、GDPは全米2位を達成。不動産価格と物価の安さに加え、所得税がかからないというメリットもあります。

「ローンスター」を胸に秘め、
アメリカ経済を牽引しています。

面積は全米2位の広さ、ハンバーガーも人間も特大で知られ、
「テキサスでは何でも大きい」とも言われます。
メキシコとの最長の国境を持ち、食文化にもその影響があります。
ジョン・F・ケネディ大統領は、この州のダラスで凶弾に倒れました。

Q テキサスの州民って、どんな気風？

A 独立心が強く、町を愛する人たちです。

州旗にもあしらわれている「ローンスター（ひとつ星）」は、メキシコからの独立宣言におけるテキサス住民の結束として、またアメリカに加わらず10年間独立国だった時代に使用され、独立精神のシンボルとしていまも息づいています。自らを「テキサン」と称するテキサス出身者も多くいます。

アラモ砦。1835年、スペイン領テキサスに入植していたアメリカ人は独立戦争を開始。翌年には「テキサス共和国」の独立を宣言しましたが、アラモ砦の守備隊はメキシコ軍に攻撃されて全滅しました。以降、国内では「アラモを忘れるな」と民意が強まり、その1か月半後にメキシコを打ち破りました。

② テキサス独特な文化って？

A メキシコと融合した文化です。

クミンやトウガラシなど、スパイスを多用するメキシカン料理とアメリカの食文化が融合した食文化があります。トルティーヤに肉やチーズなどの具材を巻いたブリトーなどの「テクス・メクス（TEXMEX）料理」があり、これは国境を超える貨物鉄道「テキサス・メキシカン鉄道（Texas Mexican Railway）」の愛称が語源とされています。

③ 油田があるってことは、ガソリンが安いの？

A テキサス周辺は安いことで知られています。

テキサス州はアメリカ屈指の石油産出量を誇ります。1901年に開発されたスピンドルトップの油田により、アメリカの石油生産は従来の3倍になりました。現在はメキシコ湾に沿うように多くの製油所があります。

原油を地中からくみ上げるポンプは、テキサス州ではよく見られます。

★COLUMN★
NASAの宇宙センターがあるヒューストン

正式名称は「リンドン・B・ジョンソン宇宙センター」といい、有人宇宙飛行の訓練・研究と飛行管制が行われています。映画などによく登場するミッション・コントロールセンターは、この施設にあります。2030年代に計画されている火星への有人飛行のミッションも、この施設で管制が行われる予定です。また最大規模を誇るロケット「サターンⅤ」などが見学できます。

ジョンソン宇宙センターに展示される2機のノースロップ T-38 タロン練習機。

**ホッキング・ヒルズ
州立公園**
地形の起伏が美しいホッキング・ヒルズ州立公園は平たんな地形のオハイオ州にあって、地形の起伏が美しい自然公園です。写真は、公園内に点在する洞窟のひとつソルトペトル洞窟。

早くから奴隷制廃止を掲げ、
中堅都市が星座のように輝く州。

五大湖のひとつエリー湖に接したオハイオ川が流れて水運が充実し、
きら星の如く工業都市がいくつも発達しました。
黒人奴隷にとっては、川の先は自由を手にできる入口であるとして、
古くから奴隷制廃止の旗印を掲げていた州でした。

オハイオって、どういう意味？

A 「偉大な川」という意味です。

州南部を流れるオハイオ川は、入植した白人が河岸にいくつもの河港をつくって水上交通の拠点とし、鉄鉱石や石炭を利用しました。オハイオ川は、奴隷を禁止する北部と奴隷州である南部との境界にもなっており、南部の黒人奴隷にとってこの川を渡って奴隷制反対の州へ渡ることは、自由への道を意味していました。

オハイオ州

人口	11,799,448人 （2020年）
面積	116,096 km²
州都	コロンバス
主要都市	クリーブランド、シンシナティ、トレド
主要産業	製造（自動車、ゴムなど）、金融、農業（トウモロコシ、小麦など）

② 中堅都市が星座のように輝くって、どういうこと？

工業都市として栄えたシンシナティは、アメリカ最古のオーケストラのひとつシンシナティ交響楽団の本拠地として、荘厳なミュージックホールがあります。

A 中堅都市がたくさんあることから、「都市の星座」とも呼ばれます。

エリー湖に面したクリーブランド、州南部でケンタッキー州に接するシンシナティ、トレド、デイトンなど、アメリカ経済に重要な役割を果たす中堅都市が、オハイオ州にはたくさんあります。都市は高速道路で結ばれ、州の全域にわたって都市がバランスよく分散しているため、「都市の星座」と称されています。

★COLUMN★ オハイオ州にあった「地下鉄道」

19世紀、奴隷制容認の南部の州から、奴隷制廃止の北部の州まで黒人奴隷たちが亡命することを手助けした奴隷制廃止論者などからなる組織やその逃亡路を「地下鉄道」と言います。逃亡した奴隷は境界線を越えてオハイオ州に入れば追跡を逃れられるので、オハイオ州は北部の州、さらにはカナダへ至る重要な交通の中継地でした。およそ10万人が地下鉄道の助けを借りて逃れたと推測されています。

ミシガン中央駅

1913年に開業したデトロイトの繁栄を象徴する、重厚な18階建ての建造物。1988年に駅の営業が終了し、いったん保存が決まったものの、デトロイト市の破綻により巨大な廃墟となって放置された状態となっています。

Q デトロイトが『ロボコップ』の
舞台になるくらい
治安が悪化したのはなぜ？

ミシガン州

人口	10,077,331人（2020年）
面積	250,493 km²
州都	ランシング
主要都市	デトロイト、グランドラピッズ、ウォーレン
主要産業	製造（自動車、航空機、家具など）、林業、農業（トウモロコシ、大豆、ブルーベリーなど）、観光

A 自動車産業が破綻したためです。

フォード、ゼネラル・モーターズ、クライスラーといったアメリカの自動車メーカー「ビッグ3」が集まる重工業都市でしたが、オイルショックと日本車に押されて衰退。さらにリーマンショックでゼネラル・モーターズとクライスラーが倒産し、市自体も破綻してしまったのです。ただ、自動車産業が現在持ち直しており、都市の再開発が進んでいます。

五大湖を中心とした水運に支えられ、
20世紀には「ビッグ3」が謳歌(おうか)しました。

五大湖の水運を利用して重工業が発達し、
世界初のモータリゼーションが起こった州がミシガン州です。
伝説的レコードレーベル「モータウン」もこの州で設立され、
黒人音楽ファンを世界に広げたという側面ももっています。

ミシガン州の愛称を教えて!

A 「五大湖の州(The Great Lake State)」です。

五大湖とは、カナダとの国境にあるスペリオル湖、ミシガン湖、ヒューロン湖、エリー湖、オンタリオ湖をさします。ミシガン州は五大湖のうち4つの湖に接し、それぞれの湖は水道で繋がっていて、アメリカ物流の重要なルートになっています。自動車産業の発展もこの水運に支えられていました。

スペリオル湖とヒューロン湖を結ぶスーセントマリー運河は、世界で最も交通量の多い運河のひとつ。年間約1万2000隻の船が通航します。

② デトロイトの自動車産業は、いまどういう状況なの?

A 破綻してしまいました。

1903年にヘンリー・フォードが量産型の自動車工場を建設し、「T型フォード」のヒットとともにアメリカでいちばんの自動車工業都市として発展しました。後にゼネラル・モーターズとクライスラーが誕生し、フォード・モーターと共に「ビッグ3」と呼ばれました。2008年のリーマンショック後の金融危機や、中国などのメーカーの台頭で製造部門は海外への移転を余儀なくされています。

デトロイトで行われる北米国際モーターショーは、毎年9月に開催される国際自動車展示会で、世界5大モーターショーのひとつです。近年はエコカーや自動運転車、飛行する自動車なども展示されています。

③ 「モータウン」は、自動車産業とも関係があるの?

A デトロイトの愛称のひとつ「モーター・タウン」を短縮した名称です。

デトロイトで設立されたモータウン・レコーズは、地元のベリー・ゴーディー3世によって創立され、マーヴィン・ゲイ、スティーヴィー・ワンダー、ダイアナ・ロス、マイケル・ジャクソンなどを世に送り出し、20世紀で最も成功したレコード会社のひとつとなりました。

デトロイト・タイガースの本拠地となっているコメリカ・パーク。

インディ500

インディアナポリス近郊のインディアナポリス・モーター・スピードウェイで毎年5月に開催される500マイルのカーレース。表彰台のセレモニーでは、優勝者が牛乳を飲み干す風習があります。

インディアナ州

人口	6,785,528人 （2020年）
面積	94,321 k㎡
州都	インディアナポリス
主要都市	フォートウェイン、エバンスビル、エルクハート
主要産業	製造（鉄鋼、医療機器、自動車など）、農業（トウモロコシ、メロンなど）

3:02:27

1	8
2	5
3	10
4	7
5	11
6	14
7	66
8	26
9	9
10	6
11	20
12	23
13	51
14	2
15	18
16	29
17	33
18	77
19	24
20	60
21	3
22	55
23	12
24	28
25	21
26	44
27	27
28	30
29	98
30	15
31	45
32	06
33	50
34	78

あの世界的大スターが、
インディアナ州で生まれました。

ネイティヴ・アメリカンの土地「インディアナ」を、
勤勉な働き者たちが開拓していったのがインディアナ州です。
鉄鋼と自動車部品が主要産業だった地域で、
世界的な自動車レース「インディ500」が行われています。

① インディアナ州の愛称は?

A 「フージア」です。

諸説ありますが、開拓時代に道で出会った人同士が使った「Who are You?」という意味の「Who's Yere」からきたという説と、運河の建設に従事したサミュエル・フージアの人望から、周囲の人々が彼と一緒に働くことを誇りに感じ、自分たちのことを「Hoosier men」と呼ぶようになったという説があります。

② この地で誕生した世界的スターって誰?

A マイケル・ジャクソンです。

インディアナ州北西部の都市ゲイリーで、「キング・オブ・ポップ」ことマイケル・ジャクソンは生まれました。ジャクソン通りには生家があり、いまでもマイケルの誕生日には花束で埋め尽くされます。

ゲイリーの朽ち果てた教会。ゲイリーは全米初の黒人市長が生まれた町であり、またマイケル・ジャクソンの出身地としても知られますが、製鉄業の凋落にともない近年は治安の悪化が顕著になりつつあります。

シカゴ

近代高層ビル群の先駆けとなったシカゴの町。1871年のシカゴ大火ののち、ルイス・サリヴァンらによって次々に高層ビルが建てられていきました。現在シカゴは北アメリカ屈指の世界都市へと成長を遂げました。

Q イリノイ州で
よく収穫される作物は？

イリノイ州

ILLINOIS

人口	12,812,508人（2020年）
面積	149,997 km²
州都	スプリングフィールド
主要都市	シカゴ、オーロラ、ジョリエット
主要産業	サービス、製造（化学、機械、食品）、金融、農業（トウモロコシ、大豆、豚など）、畜産

A「コーンベルト」でとれる
トウモロコシです。

シカゴから南へ車で下っていくと、見渡す限りのトウモロコシ畑が広がり、アメリカ農業地帯の象徴的な風景になっています。食糧や飼料としてだけでなく、未来の燃料「バイオエタノール」の原料としても、トウモロコシは注目されています。

全米第三の都市もあり、「アメリカの縮図」とも呼ばれます。

トウモロコシの産地としても知られるイリノイ州の人たちは、
長年この地で暮らした名大統領のことを心から敬愛しています。
禁酒法時代に絶大な権力を牛耳ったマフィア「アル・カポネ」と、
警察との壮絶な戦いを描いた『アンタッチャブル』の舞台はシカゴでした。

「アメリカの縮図」と呼ばれるのはなぜ？

A 人種、経済、年齢層、宗教など、多様な人が集まっているからです。

アメリカでビジネスを始めようとする際、必ずと言っていいほど「ピオリアで成功するか？」という言葉が使われます。ピオリアとは、イリノイ州の中央にある街の名前。人種、経済、年齢層、宗教が平均的なバランスで構成されているため、ビジネスの指標になると言われているのです。

イリノイ州の人種構成

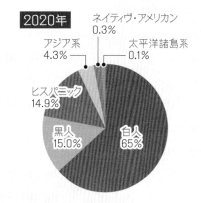

2020年
ネイティヴ・アメリカン 0.3%
太平洋諸島系 0.1%
アジア系 4.3%
ヒスパニック 14.9%
黒人 15.0%
白人 65%

シカゴにある、インド出身の彫刻家アニッシュ・カプーア作のクラウドゲート。イリノイ州では芸術文化や教育活動に力を入れており、シカゴ美術館、シカゴ現代美術館のほか、フィールド自然史博物館、シカゴ科学産業博物館など、多くの高水準の博物館が開設されています。
（Tiago Ignowski／Wirestock Creators-stock.adobe.com）

②　イリノイ州の人たちが敬愛する名大統領って誰？

A　リンカーンです。

イリノイ州は「リンカーンの地（Land of Lincoln）」とも呼ばれ、州都スプリングフィールドの街には、奴隷解放宣言で有名なリンカーン大統領が30年以上暮らした家や墓があります。イリノイ州の人たちにとっての誇りで、自動車のナンバープレートにはリンカーンの肖像が描かれています。

スプリングフィールドにはリンカーンが長年暮らした家のほかに、大統領が任期中に関わった公務の資料・書簡・写真などを保管して公開する、全米一の規模を誇る大統領図書館があります。

③　シカゴならではの食べ物について教えて！

A　大量のチーズを詰めたシカゴピザがあります。

シカゴのソウルフードのひとつであるピザは、普通のピザとはチーズとトマトソースが逆になっています。第二次世界大戦下、安価な食材で空腹を満たすため、兵士や労働者の胃袋を満たすことができる食べ物として考案されました。余りものの野菜のほか、小麦、水、オイル、塩、酵母と、手に入れやすい食材で作ることができます。

アメリカのピザいろいろ

シカゴピザ

トマトソースたっぷりのシカゴピザ。安価に、しかもおいしく作れることが特徴。

デトロイトスタイル（ミシガン州）

オイルを敷いた鉄板の上で焼く四角いパリパリ生地が特徴で、チーズの上にトマトソースを乗せます。

ナポリタンピザ

イタリア移民がもたらしたピザは、薪を使った窯で焼き、生地が薄くてパリッとしています。トッピングは、少量のトマトソース、モッツァレラチーズ、バジルで、生地の食感や風味を活かします。

セントルイススタイル（ミズーリ州）

生地を発酵させないので、クラッカーのような食感です。チーズはプロセスチーズを使います。丸いピザを長方形に切るパーティーカットも特徴です。

123

ミルウォーキー美術館

ウィスコンシン州最大の都市ミルウォーキー。工業で発展した同都市では、芸術、オーケストラ、オペラなど文化活動にも力を入れています。ミルウォーキー美術館は、スペインの建築家サンティアゴ・カラトラバによる、羽ばたこうとする鳥のような独特の外観で知られます。

ウィスコンシン州

WISCONSIN

1848

人口	5,893,718人 （2020年）
面積	169,639 km²
州都	マディソン
主要都市	ミルウォーキー、グリーンベイ、ケノーシャ
主要産業	製造業（輸送機器、紙製品）、農業（チーズ、ミルク、牛、トウモロコシ、クランベリーなど）、医療、観光

酪農の州の楽しみのひとつが、
チーズとビールでのアメフト観戦。

かつて、ウィスコンシン州では鉱業が盛んで、坑道に坑夫が住んでいたことから、
「アナグマの州」が愛称になっています。
ヨーロッパ北部の移民たちが育んだ文化が息づき、
五大湖の水運を活かした工業都市ミルウォーキーが発展しました。

① 酪農が盛んなのには、何か理由があるの?

A エサの小麦が豊富だからです。

開拓時代にスイスから移り住んだ人たちによって酪農が始まり、とくにチーズは本場であるスイス顔負けの品質を
誇り、ウィスコンシン州全体で年間100万トンも生産されています。地元のアメフトチーム「グリーンベイ・パッカーズ」
は、頭にチーズを模した帽子をかぶって応援することで知られています。

② 鉱業では何が採掘されていたの?

A 鉛です。

19世紀前半、ウィスコンシン州南部で鉛の産出ラッ
シュが起きました。このとき、鉱夫がアナグマのように
地下に掘られた通路に住んでいたことから「アナグマ
の州(The Badger State)」と呼ばれるようになりま
した。豊富な水を活用したグリーンベイのトイレットペー
パー製造、小麦と水を使ったドイツ移民によるビール
製造なども盛んです。

牧場とトウモロコシ畑は、ウィスコ
ンシン州を象徴する風景です。

★COLUMN★ **アポストル群島**

スペリオル湖の西側にあり、21の島からなる国立公
園です。バードウォッチングに最適なアポストル群島や
水中洞窟が楽しめる島もあります。水上タクシーやク
ルーズ船、カヤックなどで湖を移動しながら楽しめます。

アポストル群島の水中洞窟。

**タチグーチー
州立公園の夕暮れ**

スペリオル湖に面したノースショ
アにあるこの公園では、切り立っ
た断崖や寒冷地の大自然を堪
能することができます。

ミネソタ州

人口	5,706,494人 (2020年)
面積	225,181 km²
州都	セントポール
主要都市	ミネアポリス、ロチェス ター、ブルーミントン
主要産業	製粉、農業(テンサイ、 トウモロコシなど)、医 療機器、鉄鉱、小売

「冷蔵庫」と呼ばれる寒冷州は、双子都市が中央都市圏を形成。

ミネソタ州には、北欧からの移民が開拓した歴史があります。
かつては鉄鉱石の大鉱山地帯で、鉄でアメリカ経済を支えました。
北部はカナダに接し、東部は五大湖のひとつスペリオル湖に面します。
1万1000以上もの湖があることから「10000の湖を持つ地」とも言われます。

① 双子都市って、どこのこと？

A セントポールとミネアポリスです。

州の人口のおよそ6割が州都セントポールと隣のミネアポリスに集中しています。両市はミシシッピ川を挟んで隣接し、経済圏を形成してひとつの町のように機能しています。その反面、文化背景は異なっています。セントポールには歴史を感じさせる建築物が建ち並んでいる一方、ミネアポリスは再開発が進み、新しい施設などが建ち並んでいます。

冬場はマイナス20〜
30℃になる極寒の気候
の中、ミネアポリスでは、
ビルとビルの移動のため
に結ばれたスカイウェイ
（空中回廊）を多く見る
ことができます。

② 北欧のどの国からの移民が多いの？

A ノルウェー、スウェーデン、フィンランドなどです。

「アメリカの冷蔵庫」と呼ばれるほど寒い州で、北欧系移民が州民の約3割を占めています。州南部のロチェスターにあるメイヨー・クリニックは、アメリカで最も信頼できる医療機関としても知られており、アメリカ歴代大統領や多くの富豪が通う医療機関としても知られています。

アイオワ州

IOWA

人口	3,190,369人 （2020年）
面積	145,743 km²
州都	デモイン
主要都市	シーダーラピッズ、ダベ ンポート、スーシティ
主要産業	製造（加工食品、機 械など）、バイオテクノ ロジー、金融、保険、 農業（トウモロコシ、 大豆、豚）

大統領選で毎回注目される、
民主主義アメリカの強固な基盤。

アイオワ州は土地の8割以上が農地で、育てた飼料での畜産も盛んです。
税制優遇措置がとられており、
安価な再生可能エネルギーが豊富で、電気代が安いことでも有名。
自然災害も少なく、アップルやグーグルなどIT企業のデータセンターがあります。

① アイオワ州の大統領選が注目されるのはなぜ？

A 全米で最初に投票日を迎えるためです。

アイオワ州は、予備選挙で1700の地区が、何度かの話し合い末に候補者へ投票するという最も時間をかける
州で、州で行われる予備選挙の結果が最初に出ることで知られています。

② 農地で育てられているのは主に何？

A トウモロコシです。

アイオワ州の9割の農地で育てられています。人口の75%が農業に従事し、この州で盛んな畜産業のエサにも
なります。映画『フィールド・オブ・ドリームス』で、往年の名選手がトウモロコシ畑から姿を現すシーンは有名。また、
映画『マディソン郡の橋』に登場する屋根付きの橋は、同州のウィンターセットにあるローズマン・ブリッジです。

州の基盤産業であるトウ
モロコシ畑に、安価な電
力を産み出す風力発電の
風車が、現代のアイオワ
州を象徴する風景です。

ミズーリ州

人口	6,154,913人 （2020年）
面積	180,533 km²
州都	ジェファーソンシティ
主要都市	カンザスシティ、セントルイス、スプリングフィールド
主要産業	航空宇宙、製造（輸送機器、食品加工、化学）、農業（牛肉、豚肉、干し草、トウモロコシ、小麦など）

JCニコルズ記念噴水

カンザスシティは、ローマに次いで世界で2番目に噴水が多い町とされています。

州境で接する州の数は最多、西部開拓の入口だったミズーリ州。

セントルイスとカンザスシティは農業によって発達し、
ミズーリ州は、全米最多となる8州と州境を接する交通の要所です。
『トム・ソーヤの冒険』の作者であるマーク・トゥエインが、
少年時代を過ごした懐かしい街並みがミシシッピ河畔の町ハンニバルに残ります。

① 「ミズーリ」って、どんな意味？

A ネイティヴ・アメリカンの言葉で、「丸太船に乗った人」という意味です。

ミズーリ州は、ミズーリ川とミシシッピ川の海運で町が発展しました。州では小麦やトウモロコシ、タバコの栽培が行われ、船を使って大都市がある南部のルイジアナ州などに運ばれていきました。

② 西部開拓の入口だったことを象徴するモニュメントってある？

A ゲート・ウェイ・アーチが有名です。

1961年から3年半の年月をかけて建てられたモニュメントで、最上部にある展望台は、高さが190mあり、セントルイスの街並みやミシシッピ川を一望できます。ミズーリ州はアメリカの中央8州と隣接し、「西部の入口」や「南北東西の十字路」とも言われています。

ゲート・ウェイ・アーチのあるジェファーソン・ナショナル・エクスパンション・メモリアルは、第3代大統領であるトマス・ジェファーソンの任期中に、フランスからミシシッピ川以西のルイジアナを獲得したことを記念してつくられました。

★COLUMN★ カンザスシティは、バーベキューの都

カンザスシティは畜産が盛んです。「肉牛の町」とも呼ばれ、ステーキやバーベキューなどの豊かな食文化で知られています。アメリカン・ロイヤルという家畜や馬の品評会も行われ、600チーム以上が集まって行われる全米最大規模のバーベキューコンテストも有名です。

ヒマワリ畑

ノースダコタ州の農村地帯には、
ヒマワリの種を採取するための
畑があります。夏の風物詩で、
黄色い花が畑一面に広がります。

ノースダコタ州

人口	779,094人 （2020年）
面積	183,272 km²
州都	ビスマーク
主要都市	ファーゴ、グランドフォークス、マイノット
主要産業	農業（小麦、大麦、エンバク、ヒマワリ、レンズマメなど）、エネルギー製造（食品加工）

世界最大級のシェールオイルが眠る、夏は酷暑で冬は極寒の「平和の庭園」。

ノースダコタ州にはドイツ系の人が多く移民してきたことから、
州都ビスマークの名前は、プロイセン王国の鉄血宰相ビスマルクから来ています。
土壌に有機物が多く、特に麦のオーガニック栽培が盛んで、
油やシリアルに使われるヒマワリは、全米一の生産量を誇ります。

1. 「平和の庭園」と呼ばれるのはなぜ？

A 地平線が見渡せる大平原にあるからです。

ノースダコタ州は、町からも海からも隔絶されています。カナダとの国境をまたぐインターナショナル・ピース・ガーデンという公園には、中央部にカナダとの国境線がありますが、ここには国境の監視人がいません。

秋の日没を迎えるノースダコタ州に広がるグレートプレーンズの大平原。

2. 「シェールオイル」って何？

A シェール（頁岩）層にある石油です。

頁岩からとれるガスは「シェールガス」と呼ばれ、シェールオイルとともに2000年代以降、水圧破砕・水平掘削という技術革新があり、採掘が可能になりました。バッケンの町は世界最大の埋蔵量があると目され急速に発展しましたが、価格低下や環境問題で現在では陰りが見えています。

★COLUMN★ **ネイティヴ・アメリカンのお祭り「パウワウ」**

元々は人々に癒しを与えたり、病気を治したりといった儀式の意味です。現在は伝統的な衣装に身を包んだ各部族の人々が、固有の音楽やダンス、パフォーマンスを披露。州では毎年夏になるとユナイテッド・トライブ・インターナショナル・パウワウという大きなイベントが開催されます。

パウワウのネイティヴ・アメリカン。

ホースシューベンド

州南西部にあるバッドランズ国立公園の絶景。公園内には荒々しい岩山や丘が聳え立ち、大平原には、バッファローが生息します。もともとスー族の保留地で、ネイティヴ・アメリカンの生活を再現した展示も見られます。

誇り高きスー族が暮らし、
名大統領が山から見守ります。

サウスダコタ州ではニューディール政策の事業として、風化しにくいラシュモアの花崗岩に、
ワシントン、ジェファーソン、セオドア・ルーズベルト、リンカーンの像が彫られました。
ホームステークにあるのは、アメリカで最大＆最深の金鉱で、
約130年の歴史の中で、4000万オンスもの金を掘り出しました。

① 「ダコタ」ってどんな意味なの？

A 「仲間」という意味です。

「ダコタ」は、ネイティヴ・アメリカンの言葉です。州
民の約1割が、ネイティヴ・アメリカンにルーツを持
つ人です。英語の次に、ネイティヴ・アメリカンのスー
語が使われ、全米のネイティヴ・アメリカンが集めら
れた保留地という悲しい歴史もあります。南北戦
争で負傷した兵士とスー族の交流を描いたのが、
映画『ダンス・ウィズ・ウルブズ』です。

大統領モニュメントで有名なラシュモア山近くには、こ
の州で活躍したネイティヴ・アメリカンのスー族の英雄
「クレイジー・ホース」の像も彫られています。

② ホームステークの金鉱では、
いま採掘が続いているの？

A 現在はニュートリノの観測所として活用されています。

1876年の発見以来、4000万オンスの金を生産し、約2000人の抗夫が働いていました。現在は、金鉱に残
された光を遮断できる深い坑道を利用し、その空間に水を満たして宇宙から降り注ぐ素粒子「ニュートリノ」の観測
所として使用されています。

★COLUMN★ **運転免許がとれる年齢は14歳**

サウスダコタ州では、生活に欠かせない移動手段である自動車の運転免許が、保護者同伴のテストを受けて
合格すれば、条件付きで14歳から交付を受けることができます。同じく、人口密度が低くて広大な州で、公
共交通も少ないアラスカも、免許が14歳から取得可能です。

ネブラスカ州

人口	1,961,504人 （2020年）
面積	200,520 km²
州都	リンカーン
主要都市	オマハ、ベルビュー、 グランドアイランド
主要産業	農業（牛肉、豚肉、ト ウモロコシ、大豆など）、 貨物輸送、製造、電 気通信、情報技術、 保険

スコッツブラフ

ネブラスカ州西部にそびえる急 峻な断崖。1828年に、この崖 の近くで没した毛皮商にちなん で名づけられたと言われます。 西部開拓時代の景観をいまに 伝えるスポットです。

荒野を潤す豊かな地下水が、
アメリカンパワーを生み出します。

灌漑農業で育てられた飼料を使って、世界に誇る肉牛を生産し、
なかでも「オマハステーキ」は、アメリカ屈指の高級ブランドとして知られます。
スパイシーに炒めた牛ひき肉・キャベツ・玉ねぎが入るサンドイッチ、
「ランザ」はネブラスカ州のソウルフードです。

① 西部開拓をもっとも早く本格化させた州は?

A ネブラスカ州です。

現在のネブラスカの見事な農地や牧草地は、西部開拓時代のホームステッド法による保護のおかげです。「農民創出法」とも呼ばれ、「21歳以上の男女の合衆国市民に公有地を貸して、5年以上開拓に従事すれば、約65ヘクタールの土地を無償でもらえる」という法律で、1862年にリンカーンが制定しました。

② ネブラスカ州で灌漑農業が盛んなのは、どうして?

A 豊かな地下水があるからです。

大陸中央部の台地に位置する州で、8州の地下にまたがる世界最大級のオガララ帯水層があり、総面積は450000km²にのぼります。くみ上げた地下水に肥料を添加し、自走式の散水管に送って農地に水をまくセンターピボット農法が盛んです。

円を描くように農場を回る自走式の散水機で、くみ上げた水を散布していきます。

ネブラスカの代表的な風景「チムニーロック」

国立史跡にも指定されている鋭い煙突状の岩が残った不思議な地形が「チムニーロック」です。火山の噴火によって火山灰や砂岩が積み重なった部分が、長い歳月をかけて侵食されてきたとされています。

特徴的な姿のチムニーロックは標高1228m。ノースプラット川渓谷にあり、同地のランドマークとなっています。

アメリカ中央部の交通の要衝は、「世界のパン籠」と呼ばれる農業地帯。

カンザス州には軽航空機メーカーであるセスナ・エアクラフト・カンパニーの本社があり、小型飛行機産業が盛んな一方で、「竜巻街道」とも呼ばれる竜巻発生地域です。厳しい戒律があるプロテスタントが多く住む地域には、いまでも禁酒地域があります。

Q カンザス州を含む中西部の農業地帯を「世界のパン籠」と呼ぶのは、なぜ？

A 小麦がよく収穫できるからです。

少雨や寒さに強くパンに適した小麦は、鉄道敷設とともにドイツ移民が持ち込んだと言われています。カンザス州はアメリカ中央部に位置しており、交通の要衝だったこともあり、小麦などの運輸拠点としても発達しました。

② カンザスにゆかり深い物語って、何かある？

A 『オズの魔法使い』がそうです。

カンザス州は『オズの魔法使い』の主人公ドロシーの故郷としても知られています。物語では、竜巻によってドロシーがオズの世界へ飛ばされてしまいます。ロッキー山脈とアパラチア山脈に囲まれたカンザスをはじめとする中西部は、寒暖の空気同士が狭い地域でぶつかりやすく、「竜巻街道」と呼ばれています。

カンザス州のドッジシティ近郊で撮影された竜巻。メキシコ湾の湿った空気と、南西の乾いた空気がぶつかる場所にあるカンザス州では竜巻が頻繁に発生します。

★COLUMN★ 6千万頭も生息していたバッファロー

白人による開拓前、この地域で生活していたネイティヴ・アメリカンが、バッファローを食料や衣料にしながら共存していました。しかし、白人がやってきてから事態は一変。毛皮に価値があるとされて乱獲が始まり、1890年には1000頭にまで激減してしまいました。

カンザス州の平野に生息する野生のバッファロー。

グレイシャー国立公園

カナダとの国境にまたがる国立公園。そびえる山々は、いまも活動を続ける氷河が削った山肌を晒し、麓には美しい湖が広がります。公園内にはヘラジカ、グリズリー、ハゲタカなど、数百種に及ぶ動物が生息しています。

モンタナ州

MONTANA

人口	1,084,225人 （2020年）
面積	381,154 km²
州都	ヘレナ
主要都市	ビリングス、ミズーラ、 グレートフォールズ
主要産業	農業（小麦、大豆、綿、 豚肉、トウモロコシ、 塩）、製造、観光、エ ネルギー、鉱業

ロッキー山脈と大空が、
アメリカの広さを教えてくれる。

カナダとの国境付近では氷河（グレイシャー）が見られ、
その雪溶け水は、ロッキーの森と特産の小麦を育てます。
モンタナ州の愛称は「宝の州」で、州都ヘレナもゴールドラッシュで沸きました。
銀、銅、サファイアが採掘され、世界最大の銅の精錬所がありました。

1. 「モンタナ」って、どういう意味？

A ラテン語で「山の多い」という意味です。

モンタナ州の西部と南部は、ロッキー山脈に属しています。西部には山岳地帯が続き、東部には大平原が広がります。日本と同じくらいの面積がありますが、大都市圏がなく、人口は108万人ほど。この地域に入ったスペイン探検家が、西部の山岳地を表すために使ったのが、州名の語源とされています。

2. 西部開拓で居住地を追われた
ネイティヴ・アメリカンは、どうしたの？

A モンタナ州に集結し、白人に決戦を挑みました。

西部開拓以来、移住を強いられてきたネイティヴ・アメリカンは、モンタナ州南部に集結。1876年、リトルビッグホーン川の流域で、白人と衝突しました。白人とインディアンの争いを象徴する出来事として知られ、ネイティヴ・アメリカン最後の抵抗で、誇りとされています。

リトルビッグホーンの戦跡に、戦場記念碑とインディアン記念碑が建立され、かつて争った白人とネイティヴ・アメリカンの末裔たちを交えた式典が開かれました。

ロデオ大会
ワイオミング州で行われた
ロデオ大会の様子。カウ
ボーイたちが暴れ馬を操る
技術と勇気を競います。

ワイオミング州

人口	576,851人 （2020年）
面積	253,348 km²
州都	シャイアン
主要都市	キャスパー、ジレット、 ララミー
主要産業	農業（小麦、大麦、 干し草、テンサイ、羊毛 など）、畜産、鉱業、 観光

「平等の州」とも言われ、
全米初の女性参政権を認めました。

カウボーイが活躍する牧畜がワイオミング州の経済を支えていますが、
世界的にも知られるイエローンストーン国立公園など、観光業も盛んです。
馬で牛の群れを集めるカウボーイの腕前比べである「ロデオ」は、
州内で大きなイベントがあると、たいてい開かれています。

① カウボーイは、いまでもいるの?

A います。

ワイオミング州は乾燥した気候で、雨もあまり降らず、農業にはあまり適していません。そのため、牛の放牧が盛んです。州内に点在する大牧場では、現在もカウボーイが牛を追う姿を見ることができ、「カウボーイ州」と呼ばれることもあります。

② イエローストーン国立公園の間欠泉は、
どうしてカラフルなの?

A 繁殖するバクテリアの違いによるものです。

イエローストーンは、広島県くらいの大きさの国立公園で世界遺産です。熱に強いバクテリアが、それぞれの温度に適した場所に生息しているため、さまざまな色の温泉が見られます。好熱菌と呼ばれていて、地球の初期から生息していたとされる生物です。

イエローストーン国立公園最大の
名所となっているグランド・プリズ
マティック・スプリング。

ヘルズキャニオン

ヘルズキャニオンで川下りを楽しむ人々。オレゴン州との境にあるヘルズキャニオンは、スネーク川の浸食によって形成された峡谷で、全長200km以上にわたり、その3分の1が谷の深さ1600mに達する、全米で最も深い峡谷です。
（写真：AWL Images／アフロ）

アイダホ州

人口	1,839,106人（2020年）
面積	216,632 km²
州都	ボイシ
主要都市	メリディアン、ナンパ、アイダホフォールズ、コールドウェル
主要産業	農業（ジャガイモ、レンズマメなど）、食品加工、木材、機械、化学製品、鉱業、観光

ポテトのブランドで財を成し、アメリカンドリームを体現しました。

開拓民が栽培を始めたジャガイモは「アイダホポテト」として知られ、
加工・販売・流通を担うことで世界的産業に成長しました。
アイダホ州ではほかにも銀、銅、タングステンなどの鉱業も盛んで、
多くの種類の希少な宝石を採掘できることでも知られています。

① 採掘される宝石の種類はどれくらいあるの?

A 70種類以上あります。

アイダホという言葉は、ネイティヴ・アメリカンの「山の宝石」を意味する言葉が由来になっていて、州旗にも鉱山で働く人がデザインされています。世界では2か所でしか採掘できないスター・ガネットが採掘できることでも知られています。

銀、銅、タングステンなどの採掘で賑わったシルバーバレーの麓に広がるウォーレスの町。採掘最盛期の名残を伝えるクラシカルな建物が立ち並んでいます。

② アイダホポテトは、どうして有名になったの?

A 大手ファストフードのポテトに採用されたからです。

ジャガイモは、南部のオレアイダで広く栽培されており、アメリカ全体の約13%もの生産量を誇ります。乾燥しがちな気候のアイダホでも灌漑を引けば十分に育てられ、加工・貯蔵・輸送を開発して巨万の富を得た「ポテト王」が伝説となっています。

★COLUMN★ 白人とずっと戦わなかったネイティヴ・アメリカン

　多くのネイティヴ・アメリカンが白人の入植者に抵抗するなかで、ネズ・パース族は土地を求めてやってきた白人入植者を友好的に迎えました。しかし、入植者との争いを避け続けた結果、土地の大半は奪われてしまいます。その後も白人との争いを避け続けたネズ・パース族ですが、白人は執拗に追い続け、カナダに向けて約2700kmを逃亡途中のネズ・パース族を襲撃。虐殺の一方、部族の長てあるジョゼフを捕え、保留地に幽閉してしまいました。

**デュランゴ＆
シルバートン狭軌鉄道**

デュランゴとシルバートンを結ぶ
36インチ（914mm）軌間の
線路上を走る狭軌鉄道です。
蒸気機関車の運行が続けられ、
コロラド州山間部の絶景を走る
観光資源としても活用されます。

コロラド州

人口	5,773,714人 （2020年）
面積	269,837 km²
州都	デンバー
主要都市	コロラドスプリングス、 オーロラ、フォート・コ リンズ
主要産業	ハイテク、製造（食 品加工、輸送設備、 機械、化学製品）、 鉱業、観光、農業（小 麦、トウモロコシ、乳 製品など）

「山の州」とも呼ばれ、
五輪も辞退する。

コロラド州は西部にロッキー山脈、東部に2000m級の山が連なる州です。
山間を移動するため、山岳鉄道が発達し、世界一高い吊り橋を走る鉄道もあります。
ウィンタースポーツも盛んで州都のデンバーが冬季五輪開催地に選ばれましたが、
辞退した過去があります。

① コロラド州に謎に満ちた世界遺産があるって本当?

A メサ・ヴェルデがそれです。

先住民族のアナサジ族は12世紀頃、この地にやってきて断崖をくりぬき、日干しレンガを積み上げた住居を築きました。ところが13世紀末頃に、住居も農地も放棄されてしまいます。その理由は不明。アナサジ族もその後どうなったのか行方が分かっていません。

コロラド州南西部の標高2,600mの台地の砂岩を削って築かれた世界遺産「メサ・ヴェルデ」。

② デンバーが冬季五輪の開催地を辞退したのは、どうして?

A 環境を守るためです。

1976年の冬季オリンピックの開催地に決まったデンバーでしたが、これを辞退するという騒動がありました。その理由は環境破壊を防ぐため。選手村の建設に樹木の大量伐採をする必要が浮上した結果、州民が反対し、開催地を返上したのです。自然破壊を苦慮して五輪を辞退した都市は初でした。デンバーでは、環境破壊につながる可能性もある従来の石油などの化石燃料ゼロをめざし、エネルギーをすべて再生可能エネルギーで賄おうとしています。

コロラド州の州都デンバーは、ロッキー山脈東麓にある都市です。「マイルハイシティ」という愛称が示す通り、市郡の公式標高は1マイル（1609m）とされています。

ブライスキャニオン
実はユタ州のおおよそ70%が共有地。州土の大半は連邦政府が保有している国有林、国立公園、国立モニュメントです。ブライスキャニオンのほかにもアーチーズ、キャニオンランズ、キャピトルリーフ、ザイオンなど、雄大な渓谷や、長い年月をかけて浸食された独特な岩々を見ることができます。

モルモン教徒が切り開いた、
アメリカ西部の乾燥地帯。

1847年、迫害を逃れて入植したモルモン教徒たちが、ユタ州を切り開きました。
現在、州民の6割がモルモン教徒で、
厳しい戒律から飲酒や喫煙、ギャンブルは原則として禁止されています。

⟳ モルモン教徒って、どんな人たちなの?

A 厳格な戒律を守りながら生活する人々です。

モルモン教の正式名称は「末日聖徒イエス・キリスト教会」といい、州の人口の7割が信仰していると言われています。1830年にジョセフ・スミス・ジュニアによって創始されたキリスト教の一派で、酒、タバコ、コーヒーなどの刺激物の摂取は禁止、収入の10分の1を教会に納めることを求めるなど、厳しい戒律を持ちます。1847年にほかの宗派などの迫害から逃れてきたモルモン教徒がイリノイ州からユタ州に入植したことが同州開拓の始まりとなりました。

ユタ州

人口	3,271,616人 （2020年）
面積	219,887 km²
州都	ソルトレイクシティ
主要都市	ウェストバレーシティ、 ウェストジョーダン、プロボ
主要産業	鉱業、畜産、製塩、ハイテク、石油生産

② ソルトレイクシティーの「ソルト」って、塩のこと？

A 巨大な「塩の湖」に由来します。

ソルトレイクシティの北西に広がるグレートソルト湖は西半球で最大の塩湖です。死海と同じ濃度で、湖水を使った製塩業が行われています。寒冷な地域でのウィンタースポーツも盛んで、2002年には冬季オリンピックが開催されました。

州都ソルトレイクシティーのテンプルスクエア地区には、教会や大聖堂が多数あります。

★COLUMN★ **サンダンス映画祭**

ユタ州中央部の町パークシティは、毎年1月中旬から11日間にわたってサンダンス映画祭で賑わいます。この映画祭は、俳優・映画監督のロバート・レッドフォードが旗振り役となって1978年に始まった自主製作映画を対象とする映画祭で、およそ毎年200本近くが出品されています。監督発掘に世界から映画関係者が集まり、近年では『ミナリ』（2020年）、『コーダ　あいのうた』（2021年）などがグランプリを受賞しました。

ラスベガスのカジノ
ラスベガスリゾートホテルのブラックジャックテーブルとスロットマシーン。一攫千金を夢見る多くのギャンブラーたちで賑わいます。（bennymarty@stock-adobe.com）

Q ラスベガスは、
もともとどんな町 だったの？

ネヴァダ州

人口	3,104,614人 （2020年）
面積	286,352 km²
州都	カーソンシティ
主要都市	ラスベガス、ヘンダー ソン、リノ
主要産業	観光、鉱業、印刷・ 出版、製造（機械、 食品加工、電気設備）

A 砂漠のど真ん中にある、
小さなオアシスでした。

ゴールドラッシュに沸くロスへの中継地としてユニオン・パシフィック鉄道が開通すると、町を訪れる人が急増。その人たちの水と電力を補うために巨大なダムをつくりました。世界大恐慌が起こった際、税収を確保するためにネヴァダ州は賭博を合法化（1931年）。法律や安価な電力に目を付けたマフィアも暗躍してホテルやカジノが発達し、およそ100年で急速に発展しました。

砂漠にある「銀の州」が、
夜も光り輝く享楽の都市に変貌。

ネヴァダ州にあるラスベガスはカジノで有名ですが、
ボクシングや有名ミュージシャンのショーなど、ショービズの発信地でもあります。
アメリカ空軍の「エリア51」が州内にあることでも知られ、
また結婚のために訪れるカップルが多いことでも有名です。

Q ネヴァダ州は、
　全域がラスベガスのような都市なの？

A 大半は乾燥した荒地です。

「グレートベースン（大いなる盆地）」と呼ばれていて、ネヴァダ州の大半は農地に向いていない荒野が広がります。
そのため、アメリカ軍の施設など、8割以上が政府の所有地として使われています。

ネヴァダ州に広がるグレートベースンは国立公園になっていて、樹齢5000年と言われる五葉松の一種の森も存在します。

② 結婚するカップルが、多く訪れるのはなぜ？

A 結婚の手続きが簡単だからです。

ネヴァダ州では、法律で結婚手続きが簡略化されていて、なおかつ結婚費用が安く、1日に150組ものカップルが結婚すると言われています。人口流出を防ぐ施策という面もありますが、逆に離婚も簡単にできるので、お別れするカップルも訪れます。

③ ネヴァダ州で開かれる有名なイベントを教えて！

A 砂漠の真ん中に都市が出現する「バーニングマン」が注目を浴びています。

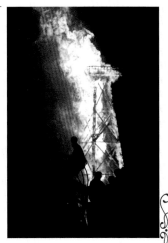

ネヴァダ州のブラックロック砂漠では、毎年9月、電気や水道もないなかに架空都市を出現させ、数万人が集まって1週間共同生活を送る壮大なアートイベントが開かれます。思い思いの仮装で参加する人々も多く、さまざまなダンスパーティーが開催され、多様なオブジェに囲まれたその世界は、ファンタジー映画の世界さながらの様相を呈します。

祭りの最後には「ザ・マン」と呼ばれる巨大な人型のアートを燃やし、クライマックスを迎えます。（写真：AP／アフロ）

④ 「エリア51」って、どんな場所なの？

A いまだ謎の多いアメリカ空軍の基地です。

ラスベガスの北西約130kmにあるクルームレイク空軍基地は、主に新兵器の開発実験場としての役割があり、あまり多くの情報がありません。また、周辺でのUFOの目撃情報も多く、エイリアンとの繋がりも噂されることがあります。町から基地に続く未舗装道路は通称「地球外高速道路」と呼ばれています。

立ち入り禁止の立て看板があるだけの荒野は、この州でよく見られる風景です。

アリゾナ州	
人口	7,151,502人（2020年）
面積	295,253 km²
州都	フェニックス
主要都市	ツーソン、メサ、チャンドラー
主要産業	航空機、観光、電子機器、鉱業、農業（綿花、牛、柑橘類など）

セリグマン

ルート66は古き良きアメリカを体感できるロードトリップの王道として人気があります。ラスベガスとグランドキャニオンの間にあるアリゾナ州のセリグマンは、映画『カーズ』のモデルとなりました。

（写真：Robert Harding ／アフロ）

グランドキャニオンで知られ、
もともとはメキシコの領土でした。

アリゾナ州は、1年のうち300日以上が晴天に恵まれるため、別荘地として人気があります。
綿花などがよく育ち、サボテンも食材として使われます。
人件費が安くて、製造に向く乾燥した気候なので、
「シリコンデザート」と言われるほど、半導体産業が躍進しています。

① メキシコの領土だったのに、どうしてアメリカになったの？

A アメリカが買い取ったからです。

1853年の米墨戦争でアメリカがメキシコに勝利して土地の領有権を主張し、最終的に1500万ドルで購入することで決着しました。戦争で疲弊していたメキシコは、アメリカの横暴なやり方に怒りを覚え、現代にも続くアメリカとメキシコの険悪な関係の元になっています。

② いまメキシコの国境はどうなっているの？

A 一部が壁になっています。

不法移民がアメリカに押し寄せるのを防ぐため、トランプ大統領が公約に掲げていた政策でした。政権が変わったいまでも、工事の凍結と推進が流動的で、建設中の壁が残っています。

壁の建設は共和党政権のトランプ大統領の肝入り政策として始められました。民主党のバイデン大統領に政権が移行して一時凍結していましたが、予算執行の関係で工事が再び動き出そうとしています。

★COLUMN★ **グランドキャニオンの景観はどうやって生まれたの？**

コロラド川の流れが、4000万年もの歳月をかけて1.6kmも浸食することでできました。1908年に国定記念物に指定され、1919年には国立公園、1979年にはユネスコの世界遺産にも登録されました。現在でもネイティヴ・アメリカンの部族が5つ居住しています。

夕日に照らされるグランドキャニオンの絶景。

ヒスパニック文化が色濃く残り、隣の国の名前がつきました。

ニューメキシコ州の住民はラテンアメリカの出身者がおよそ5割を占め、
州の特産であるチリペッパーを使った料理が知られています。
ホワイトサンズ国立公園には、ミサイル発射場があり、
原子爆弾が製造されたロスアラモス国立研究所もこの州にあります。

Q 州名に隣の国の名前が付いているのはなぜ?

A 入植したスペイン人が名づけたものです。

16世紀半ばに黄金を求めてやってきたスペイン人の修道士が、この地域をスペイン語で「新しいメキシコ」と呼んだことから州名になりました。

ニューメキシコ州

人口	2,117,522人 （2020年）
面積	315,194 km²
州都	サンタフェ
主要都市	アルバカーキ、ラスク ルーセス、リオランチョ
主要産業	エネルギー（石油、天 然ガス）、農業（干し 草、唐辛子）、観光、 宇宙、鉱業

② 州都サンタフェは どんな所にあるの？

A 標高2000mの高地です。

全米でいちばん高い場所にある州都です。メキシコと国境を接して
いて、岩山とサボテンが続く風景が印象的です。じつはニューメキシ
コ州の土地のほとんどは、標高1200m以上にあります。

サンタフェの市場には、唐辛子の束をはじめとした
南米色が強い商品が並んでいます。

★COLUMN★ **唐辛子を使ったメキシコ料理が味わえる**

ヒスパニック系の人が多く、メキシコ文化も色濃くあり、州の名産品チリペッ
パーから作ったチリソースが有名です。レストランなどでは「Red or
Green？（赤唐辛子と青唐辛子どっちがいい？）」と尋ねられることがあります。

グリーンチリ・シチューは火であぶって刻んだ青唐辛子を、ジャ
ガイモや肉と煮込んだ料理です。ブリトーの具にもなります。

世界を代表する超大国・アメリカ合衆国。そのダイナミックな活動には世界No.1のものが、軍事、経済、文化、学術など、さまざまなジャンルにあります。ここで紹介する以外にも、国内総生産（GDP）、牛肉の生産量、映画の興行収入など、数えあげればきりがありません。

軍事予算

「世界の警察」とも言われるアメリカの軍事費は、世界最大の8796億ドル（2022年度予算）。2位の中国が2920億ドルなので2倍以上にものぼり、世界全体の約4割に当たる規模です。この数字は、軍需産業が大きな経済の柱になっていることを物語っています。

アメリカ海軍の戦艦や潜水艦には州名がつけられることが多く、戦艦ミズーリは太平洋戦争での日本の降伏文書調印の場として使われました。現在はハワイの真珠湾で保存されています。

トウモロコシ生産量

アメリカは、世界最大のトウモロコシ生産・輸出国です。生産される約20%のトウモロコシは輸出されます。主に家畜飼料に使用されますが、スターチ、甘味料、コーン油、飲料、工業用アルコール、燃料エタノールなどに加工でき、次世代のエネルギーとなりうる重要な作物です。

アメリカで栽培されるほとんどのトウモロコシが、飼料として使用されるデントコーン種です。

ノーベル賞
受賞者数

アメリカでは2020年までに388人がノーベル賞を受賞しています。ハーバード大学など、世界最高峰の大学が存在し、長年にわたる研究のデータが蓄積され、かつ研究費用が潤沢な環境の中で次世代の育成も行われています。日本人受賞者の中でも、アメリカ国籍を取得している研究者が多数います。

ハーバード大学には160のノーベル賞受賞の研究があります。2023年のノーベル経済学賞は、クラウディア・ゴールディン教授が受賞しました。

原油産出量

原油と言えば、中東の国々というイメージがありますが、2017年にはアメリカが世界最大の原油産出国となりました。2008年までアメリカは原油の産出量が減少傾向にありましたが、シェール層からの原油や天然ガスの抽出が可能となりました。原油産出量は、サウジアラビアとロシアが世界トップ2でしたが、現在ではアメリカ合衆国が頭ひとつ抜け出しています。

シェールオイルの採掘現場には、原油がある岩盤に高水圧で水を送る櫓が立っています。

シャイシャイ海岸の夕暮れ

オリンピック国立公園内で見られる絶
景です。シャイシャイ海岸へはトレイル
を3.3マイル（5km強）歩いて、たど
り着きます。公園内にはほとんど道路
がなく、95％が未踏の地で、開拓以
前のアメリカの大自然を体感できます。

ワシントン州

人口	7,705,281人 （2020年）
面積	184,827 km²
州都	オリンピア
主要都市	シアトル、スポケーン、 タコマ
主要産業	IT、製造（航空機、 自動車）、サービス、 農業（ラズベリー、ホッ プ、豆類など）、畜産

独立の大統領の名を冠す、
ITとカフェの大企業が居並ぶ州。

ワシントン州は、カナダに接する寒冷な気候からリンゴの栽培が盛んで、
その生産量は青森県の3倍にもなり、全米一を誇ります。
先端産業が集積している地域としても知られ、
リベラルな風土も手伝い、アジア系が多く住む州としても知られます。

① アジア系の人が多く住んでいるのはなぜ？

A　IT企業がたくさんあるのも理由のひとつです。

アマゾンやマイクロソフトの本社があり、「シリコンフォレスト」と呼ばれています。スターバックスやタリーズコーヒーの本社もワシントン州最大の都市シアトルにあります。日本人も多く住んでおり、メジャーリーグで活躍したイチローもシアトルのチームで大リーグに挑戦しました。

② シアトルの町の愛称を教えて！

A　「雨の町（Rainy City）」と
呼ばれています。

晴れの日が少ないのが気候の特徴で、シアトルの年間平均降雨日数は150日を超えます。オリンピック半島は、北米大陸で唯一の温帯雨林に囲まれている地域で、美しい湖が多く点在しています。

シアトルは秋から春にかけては雨が多く、1週間ほど霧雨の降る日が続くこともあります。

★COLUMN★　**野外レジャー「U-Pick」**

ワシントン州をはじめ、アメリカの農村部を車で走っていると、よく「U-Pick」と書かれた看板や横断幕を見かけることがあります。「U-Pick」とは、「you-pick（あなたが摘む）」の略で、フルーツ狩りができる農園のこと。ワシントン州は果樹栽培が盛んで、日本品種のリンゴ「ふじ」も栽培されています。

コロラド州フルータのU-Pick。

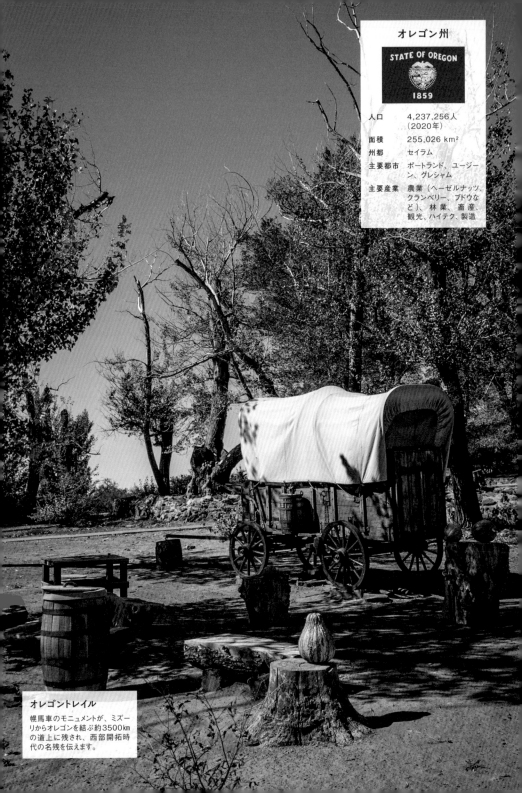

オレゴン州

STATE OF OREGON
1859

人口	4,237,256人 （2020年）
面積	255,026 km²
州都	セイラム
主要都市	ポートランド、ユージーン、グレシャム
主要産業	農業（ヘーゼルナッツ、クランベリー、ブドウなど）、林業、畜産、観光、ハイテク、製造

オレゴントレイル

幌馬車のモニュメントが、ミズーリからオレゴンを結ぶ約3500kmの道上に残され、西部開拓時代の名残を伝えます。

クリスマスとも関係が深い、
フロンティア精神あふれる州。

オレゴン州はミズーリから約3500kmのところにある白人移民が幌馬車で開拓した州です。
州都ポートランドは住みやすい都市として若者に人気で、
「オレゴンは変な場所であり続けよう」というフレーズもあります。
ヘーゼルナッツは全米の9割を賄う伝統的な特産品です。

① オレゴン州とクリスマスの深い関係って？

A クリスマスツリーになるモミの木が
毎年5000万本生産されます。

州の約50%を占める森林を使った全米最大の製材産出
州で、オレゴン州立大学には森林学部が設けられています。
豊富な木材を利用したバイオマス発電も盛んです。

② オレゴン州の人たちの
気質を教えて！

オレゴン州では、人口の12倍にも当たる
本数のクリスマスツリーがつくられます。近
年は使用後に木材チップとして再利用さ
れる動きがあります。

A リベラルな風潮が根付いています。

チェーン店よりローカルの飲食店が多く、コーヒー、ビール、ワインなど
もローカルのオリジナルブランドが多くあります。女性の社会進出に
も力を入れており、同州ではこれまでに女性が州知事を2度務めてい
ます。また1988年に、アメリカで初の不在者投票が承認された州
です。

雄大な自然もオレゴン州に欠かせない要
素。オレゴン州南部にあって国立公園に
指定されるクレーターレイクは、7500年以
上前の大噴火で形成されたカルデラ湖
で、約600mの深さのために冬も凍結し
ません。

ロンバード・ストリート

ロンバート・ストリートのロシアン・ヒル東側の急勾配。27度の傾斜があり、車は下りの一方通行で8つのエアピンカーブを曲がらなくてはなりません。
（サンフランシスコ）

カリフォルニア州

CALIFORNIA REPUBLIC

人口	39,538,223人（2020年）
面積	423,970 km²
州都	サクラメント
主要都市	ロサンゼルス、サンディエゴ、サンノゼ、サンフランシスコ
主要産業	金融、電子機器、情報通信、観光、農業（果実、野菜）、酪農

Q 50州の中で、最も人口が多い州はどこ？

A カリフォルニア州です。

アメリカ西海岸のカリフォルニア州には、2大都市であるロサンゼルスやサンフランシスコをはじめ、温暖な気候でビーチが広がるサンディエゴ、高等教育施設の多いアーバインなど、大都市が点在しています。日本人も、カルフォルニア州で約30万人近くが生活していると言われています。

昔は金、いまはエンタメ＆IT、夢を求めて人々が集まります。

ロサンゼルス、サンフランシスコ、サンディエゴなどの大都市があり、
一国のGDPに換算すると、世界5位になるほど豊かな州です。
映画の都ハリウッドのほか、「神々が遊ぶ庭」と呼ばれるヨセミテ国立公園、
半導体メーカーが集積した初の地域「シリコンバレー」などを擁します。

① カルフォルニア州に人が集まったきっかけは？

A ゴールドラッシュです。

1848年にシエラネバダ山脈で、エンドウ豆を半分にしたような金塊が発見されました。すると、黄金を求めて人々が殺到。発見翌年の1849年1年間だけでも約10万もの人が移住したとされています。これらの人々を「49年度の人たち（フォーティーナイナーズ）」と呼び、人口急増の象徴となりました。

高低差100mに達する急勾配を走行するケーブルカーと、サンフランシスコの街並み。わずか人口1000人だったサンフランシスコの繁栄の原点は、ゴールドラッシュにあります。

② シリコンバレーに集まる世界的IT企業はどんな人がつくったの？

A この地域の大学で学んだ若者たちです。

アップル、グーグル、ネットフリックスなどの本拠地があります。カルフォルニア大学バークレイ校などを出身とする優秀な学生や、ヒッピー文化の中心を担い、それまでの既成概念を打破した新しい価値観を持つ若者の中から、スティーブ・ジョブズなど、その後のIT産業を担う人物が現れました。

Q3 ヒッピー文化って、どんな文化だったの？

A 既存の価値観に反抗する若者の文化です。

1960年代後半、ベトナム反戦運動や公民権運動を中心とする反体制運動から生まれた文化です。「ラブ&ピース」を提唱し、自然回帰を目指してコミューンと呼ばれる共同体をつくったり、マリファナなどの薬物の使用で精神解放を目指したりするなどして、全米に拡がる大きなムーヴメントとなりました。

ベトナム戦争の反戦運動で、ペンタゴンを警備する兵士に花をさしだすヒッピーの若い女性。

Q4 ヨセミテ国立公園が「神々が遊ぶ庭」と呼ばれるのは、なぜ？

A 手つかずの大自然が残されているからです。

セコイア（ヒノキ科の樹木）の巨木、氷河が刻んだそそり立つ花崗岩の絶壁、巨大な滝などで知られています。アメリカの国立公園の理想である「万人に開かれた公園として後世に残す」という理念の出発点となった公園で、世界遺産に指定されています。

ヨセミテ国立公園。ありのままの大自然が広がる国立公園です。

★COLUMN★ 90年代パンクの聖地・オレンジカウンティ

カルフォルニアに生まれたIT企業がアメリカ経済を変化させたように、音楽もカルフォルニアから新ジャンルが生まれました。その舞台となったオレンジカウンティは、カリフォルニア州の郡で3番目に人口を抱え、南カリフォルニア海岸部に広がる世界的なハイテク研究地域の中心地です。

1970年代のイギリスパンクに触発されたこの地域に暮らす若者たちは、サーファーやスケートボードのストリートカルチャーを融合した「スケート・ロック」を生み出し、1990年代に世界の若者に影響を与えました。そうしたなかでメロコア（メロディック・ハードコア）と呼ばれる新しいジャンルの音楽が生まれます。代表的なバンドに、RANCIDやTHE OFFSPRING、GREEN DAYなどが挙げられます。2000年代に入ってからも、さまざまな音楽と混ざり合いながら、世界中の若者に愛され続けています。

アラスカ州

人口	733,391人
面積	1,717,854 km²
州都	ジュノー
主要都市	アンカレッジ、フェアバンクス、クニクフェアビュー
主要産業	エネルギー、漁業、観光

フェアバンクスで
観測されたオーロラ

アラスカ州のフェアバンクスでは、年間平均243日もオーロラ現象を観測することができるため、ベストシーズンの11月～3月には、オーロラ鑑賞のために多くの観光客が押し寄せます。
（写真：金本孔俊／アフロ）

北極圏を含むアラスカ州は、
水産業も盛んな資源の宝庫。

アラスカ州の人口の約半数が住むアンカレッジの国際空港は、
北極海を渡って世界各地へと赴く、北回り空路の経由地です。
ツンドラの地に、針葉樹林が広がり、夏は白夜、冬には太陽の出ない極夜が訪れる———。
過酷な自然相の大地は、アメリカの躍進を支える奇跡の大地でした。

① アメリカから離れたアラスカが、なぜアメリカ領なの？

A ロシアから激安で買い取ったためです。

1867年、ロシアは何もない不毛の土地と判断し、アメリカに破格の安さで売却。するとその後、金鉱が発見され、購入を決断した国務長官スワードは絶賛を浴びました。石油、ガス、石炭、金、貴金属、亜鉛などの天然資源が次々に発見され、それらの産出事業のおかげで、州民に対する補助金が潤沢で、平均所得も国内トップクラスの州となりました。

② アラスカの原油は、どのように運ばれているの？

A とても長いパイプラインで運ばれています。

アラスカ北極海岸からアンカレッジの不凍港までの全長1300kmに達する送油管を使って運ばれます。1977年に全面開通し、1日の最大輸送能力は200万バレル。パイプはガラス繊維で断熱されています。

パイプは、地震による横揺れなどに備えるため架台には固定されていません。また動物などがぶつからないよう地上高架式となっています。

★COLUMN★ ## 日本とアラスカの関係

日本はアラスカ州から多くのシーフードを輸入しています。水産業の就労者は、州の就労人口の5分の1を占めていて州の重要な産業のひとつです。環境保護の観点から養殖が禁止されていますが、近海で獲れる魚は、サーモン、カニ、エビ、ニシン（数の子）にはじまり、スケソウダラ、ヒラメ、カレイ、アカウオ、ギンダラ、マダラなどまで、広範囲に及びます。

Q ハワイが
50州のひとつなのはなぜ？

ハワイ州

人口	1,455,271人 （2020年）
面積	28,311 km²
州都	ホノルル
主要都市	アイエア、パールシティ、 ワイパフ
主要産業	観光、農業（コーヒー、 パイナップル、マカダミ アナッツなど）

A 太平洋進出の拠点として
吸収されたためです。

1843年にイギリスがハワイの領有を宣言し、1849年にはフランスもハワイの領有を宣言します。ヨーロッ
パを中心とした、ハワイをめぐる列強の争いが激化するなか、アメリカがハワイへ進出。捕鯨や貿易など
アメリカの太平洋進出の拠点として、1898年に「アメリカ自治領ハワイ準州」として吸収してしまいました。

最後にアメリカに加わった、
太平洋に浮かぶ楽園。

州都ホノルルのあるハワイ島を中心とした島々からなる州で、
世界三大コーヒー「コナコーヒー」が特産です。
フラダンスのゆったりしたダンスがよく似合い、
広い空と青い海の世界的なリゾートとしての知名度は抜群です。

ハワイ州に属する島はどれくらいあるの?

A 8つの主要な島と、100以上の小さな島です。

ハワイ州は観光で有名なハワイ島、マウイ島、オアフ島のほかに、カウアイ島、モロカイ島、ラナイ島、ニイハウ島、カホオラウェ島と、ミッドウェー環礁を除く100以上の小島で構成されます。島だけで構成されているアメリカで唯一の州です。

ハワイの美しい海を泳ぐウミガメは「ホヌ」と呼ばれ、海の守り神として崇められています。

壮大なカウアイ島の外観。

② アメリカの州になる前は、誰がハワイを治めていたの？

A 国王が治めていました。

アメリカが統治する前は、カメハメハ王朝がハワイ王国を統治していました。歌などに出てくる「カメハメハ」は、ハワイ語で「孤独な人・静かな人」を意味し、王国の大王の名前です。建国者のカメハメハ1世の銅像が、ハワイ州に3か所建てられています。

ハワイ王朝最後の王となったリリウオカラニ。

③ フラダンスの「フラ」って何？

A 神や自然に感謝を表す祭事全般のことです。

「フラ」という言葉は、踊りだけでなく、楽器演奏や歌も含む総合的な祭事を指します。ウクレレの演奏に合わせて踊る、一般的に親しまれているスタイルは「アウアナ」と呼ばれ、ほかにも古典的な「カヒコ」があります。これは、もともと神に捧げるために修行を行った男性だけが踊ることを許された祭事でした。

フラダンスや首飾り「レイ」の飾りに欠かせない、ハイビスカスは「州の花」で、ハワイ語では「アロアロ」と言います。

④ ハワイにも季節はあるの？

A 雨季と乾季があります。

ハワイの平均気温は24〜30℃で、1年中Tシャツで過ごせます。7〜9月は乾季で日差しが強く気温が高め。11〜3月は雨季で雨が続くことがあります。

雨季のクアロア牧場。ハワイ島にあるこの牧場は映画『ジュラシック・パーク』においてたびたびロケ地となりました。

★ 村山秀太郎（むらやま・ひでたろう）

スタディサプリ講師、世界史塾バロンドール主宰。早稲田大学商学部卒業、同大学院社会科学研究科修了。予備校で教鞭をとりながら百余国を歴訪している。主な著書・監修に、『暴虐と虐殺の世界史』（二見書房）、『これ1冊！世界各国史』（アーク出版）、『東大の世界史ワークブック』（かんき出版）、『地政学で読みとく「これからの世界」』（世界文化社）、『絵本のようにめくる世界遺産の物語』（昭文社）などがある。

★ 主な参考文献（順不同）

・『アメリカの50州がわかる本』国際時事アナリスツ〔編〕（河出書房新社）
・『一冊でわかるアメリカ史』関眞興（河出書房新社）
・『多文化理解のためのアメリカ文化入門―社会・地域・伝承』ウェルズ恵子 リサ・ギャバート（丸善）
・『地球の歩き方 B01 アメリカ 2019-2020』地球の歩き方編集室（学研）
・『アメリカの歴史を知るための65章（エリア・スタディーズ10）』富田虎男、鵜月裕典（明石書店）
・『21世紀アメリカ社会を知るための67章（エリア・スタディーズ）』明石紀雄、赤尾千波（明石書店）
・『簡単解説　今さら聞けないアメリカ大統領選のしくみ』文響社編集部（文響社）

★ 主な参考サイト

Esquire／イデア・パートナーズ法律事務所／日本国際問題研究所／アメリカ生活・e-百科／アメリカンビュー／TABI LABO／Tripadvisor／グルメピエロ／トラベルjp／HanaCell／Dallajapa／Lunaine／アメリカンセンターJAPAN／アメリカ大陸地理情報館／アメリカ大学ランキング／ダンスの歴史書／SECOND EFFORT／Roots Music Club／子供の科学／Udiscovermusic／マルハニチロ／ジョン万次郎資料館／在ボストン日本国総領事館／ハワイ観光局／在デンバー日本国総領事館／米国インディアナ州政府駐日代表事務所／米国オレゴン州政府駐日代表部／シアトル日本語情報サイト／PREESIDENT／News Week／ベースボール・マガジン／ナショナル ジオグラフィック／スカイワードプラス／グランドキャニオン シーニック航空／Forbes／CNN／ロイター／日本経済新聞

セントルイス大聖堂（ニューオーリンズ／ルイジアナ州）

世界でいちばん素敵な
アメリカの教室

2024年4月1日　第1刷発行

監修	村山秀太郎	印刷・製本	図書印刷株式会社
編集	ロム・インターナショナル	発行	株式会社三才ブックス
編集協力	江藤純		〒101-0041
写真協力	アフロ、Adobe Stock		東京都千代田区神田須田町2-6-5
装丁	公平恵美		OS'85ビル3F
本文DTP	株式会社スパロウ		TEL：03-3255-7995
	（新井良子／菊地紗ゆり／		FAX：03-5298-3520
	塩川丈思）		http://www.sansaibooks.co.jp/
発行人	塩見正孝		mail：info@sansaibooks.co.jp
編集人	神浦高志	facebook	https://www.facebook.com/yozora.
販売営業	小川仙丈		kyoshitsu/
	中村崇	X（旧Twitter）	@hoshi_kyoshitsu
	神浦絢子	Instagram	@suteki_na_kyoshitsu